Robert von Lucius

Zwischen Weser und Weltraum

Robert von Lucius

Zwischen Weser und Weltraum

Streifzüge durch Bremen

mitteldeutscher verlag

Inhalt

Eine Verbeugung

Eine tiefere Verbeugung hätte ein Hamburger vor Bremern kaum machen können. Der frühere Hamburger Bürgermeister Klaus von Dohnanyi sagte im bremischen Rathaus, Hamburg sei vor knapp 1.200 Jahren von seinem ungeliebten hanseatischen Rivalen „zivilisiert" worden dank des bremischen Erzbischofs Ansgar, des Apostels des Nordens. Das Renaissance-Rathaus nannte er ehrwürdig im Vergleich zum Neureichen des Hamburger Rathauses. Er war zu Gast in der Oberen Rathaushalle. Dieser Raum im 1405 erbauten Weltkulturerbe mit seiner Eichendecke, herunterhängenden Schiffsmodellen und Wappenfenstern gilt als Heiligtum bremischen Bürgerstolzes.

Das Bremer Tabak-Collegium, bei dem er sprach, ist eines der Kaufmannsfeste, die Bremen und sein Bewusstsein für Traditionen auszeichnen. Sie dienen aber auch dem Außenbild des kleinsten Bundeslandes. Wer einmal zum Schaffermahl, zur Eiswette oder zum Collegium gebeten wird, sagt nicht ab. Er trägt die Kunde weiter – ob Ministerpräsidenten und Finanzminister der reicheren Bundesländer, der Bundesbankpräsident oder Außenminister aus fernen Ländern, mit denen bremische Kaufleute Handel treiben wie eh. Als Tischherrn beim Schaffermahl hatte Bundeskanzlerin Angela Merkel gut fünf Stunden lang Lakshmi Mittal, den reichsten Stahlfabrikanten der Welt. Nach seinem Besuch hatte Mittal ein freundlicheres Augenmerk auf seine Bremer Stahlhütte, die er zuvor nicht kannte, und baut sie weiterhin aus.

Zwei Dinge zeichnen die Kaufmannsfeste aus – neben den Gastgebern, bremische Kaufleute, auch die soziale Komponente. Ohne Spenden der Gäste der Eiswette könnte die Deutsche

Gesellschaft zur Rettung Schiffbrüchiger ebenso wenig ihre Arbeit verrichten wie das vom Schaffermahl getragene Haus Seefahrt, ein Heim für verarmte Kapitäne und deren Angehörige und neuerdings für Nautikstudenten. Wohl kaum eine andere Stadt ist so getragen von Bürgersinn und Hilfen, von Stiftungen und Ehrenamt – die Kunsthalle mit einer herausragenden Sammlung abendländischer Kunst lebt davon ebenso wie der Bürgerpark. Das überschuldete Bremen braucht solche Hilfe. Keine andere Stadt ist so sozial zweigeteilt zwischen einer großbürgerlichen Schicht und den von ihrer Umwelt Abgehängten. Sichtbar wird das auf einer Straßenbahnfahrt von bürgerlichen Innenstadtvierteln wie Schwachhausen in Vororte mit Wohnsiloblocks wie Gröpelingen.

Einerseits kann Bremen als Standort von Raketen-, Luftfahrt- und Meeresforschung auf die höchste Hochschulabsolventenquote aller Bundesländer verweisen, auf die dritthöchste Produktivitätsquote und überdurchschnittliche Intensität von Unternehmensgründungen. Wäre Bremen ein EU-Staat, läge es gemessen am Bruttoinlandsprodukt vor Bulgarien, den drei baltischen Staaten, Malta oder Zypern. Hier leben, nach Hamburg, pro Kopf die meisten Millionäre Deutschlands – aber nirgends melden auch mehr Privatpersonen Konkurs an als in Bremen. In der Schwesterstadt Bremerhaven ist jeweils jeder Vierte aller Erwachsenen überschuldet und arbeitslos – in keiner anderen Kommune ist der Anteil höher. In armen Bremer Stadtteilen lebt die Mehrzahl der Kinder von Sozialhilfe, in Tenever mehr als 60 Prozent. Fast jeder fünfte Bewohner ist ein Migrant ohne Bildungsabschluss, fast jeder vierte Migrant arbeitslos; vergleichbare Zahlen gibt es nur noch in Berlin. Hohe Sozialkosten für Zuzügler, vom Stadtleben angelockt, tragen bei zur Überschuldung der Stadt – die Pro-Kopf-Verschuldung Bremens ist siebenmal so hoch wie Bayerns. Dazu kommt das Steuersystem, das Steuern am Wohnort erhebt statt an der Arbeitsstätte. Viele wohlhabende Pendler zogen ins Bremer Umland und zahlen ihre Einkommensteuer an Niedersachsen –

Bremen hat das höchste Pendlersaldo aller Bundesländer. Bis zur Finanzreform von 1969 war Bremen im Finanzausgleich ein Geberland.

Bisweilen ist darüber Unmut zu hören unter bremischen Unternehmern und Händlern. Sie fühlen sich von den Regierenden nicht recht vertreten und verstanden. Regiert wird Bremen seit vielen Jahrzehnten von Sozialdemokraten. Die bremische CDU gilt als ebenso geschwächt und ideenlos wie die FDP, auch wenn beide aus der Bürgerschaftswahl im Mai 2015 gestärkt hervorgingen. Versuche, eine weitere bürgerliche Partei in Bremen zu gründen, scheiterten mehrfach.

Meist aber sind die Kaufleute gelassen wie gediegen. Weil sie anders als viele Manager oder Banker in Generationen denken und nicht in Quartalsberichten, auch sozial. Kaum eine andere Stadt, auch nicht andere Hansestädte wie Hamburg und Lübeck, dürfte so vom Bild des Kaufmanns geprägt sein. Industrie galt ihnen anders als den Hamburgern einst als Schmuddelkram. Man konzentrierte sich lieber auf das, was man von jeher beherrschte, den Außenhandel etwa mit Ostasien. Tee, Kaffee, Gewürze, Rohtabak, Baumwolle, Rotwein liefen über bremische Häfen. Beim Kaffee glänzte Bremen gleich mit drei nationalen Marken – Jacobs, Eduscho und Kaffee Hag. Historisch beruht die späte Industrialisierung – damit auch eine verspätete Herausbildung von „Industrieproletariat" und das anfängliche Fehlen von Mietskasernen – auch darauf, dass Bremen erst 1888 dem Deutschen Zollverein beitrat. Viele Hersteller siedelten sich daher, um hohen Zöllen zu entgehen, im Umland an, wie in Delmenhorst. Wenn von Bremens Industrie die Rede ist, denken manche eher an einst große Namen, deren Archive nun im kulturhistorischen Focke-Museum oder im Staatsarchiv lagern – die Werften AG Weser und Vulkan; der Autokonzern Borgward; die Bremer Wollkämmerei; die einst größte Zigarettenfabrik Europas, deren Nachfolger nun knapp hundert Mitarbeiter beschäftigt zur Herstellung von Filterhülsen.

Bremen wird verbunden mit Gewürzballen und Rotweinflaschen, nicht mit Flugzeug- und Satellitenbau. Dass es fünftgrößte Industriestadt Deutschlands ist nach Hamburg, Wolfsburg, München und Köln, ist vielen nicht bewusst. Mercedes verlagerte den Hauptteil seiner Produktion für sein umsatzstärkstes Modell von Sindelfingen nach Bremen, seinem insgesamt zweitgrößten Werk – das rettete viele Arbeitsplätze. Die Isolierung von Sportstadien, Kreuzfahrtschiffen und Antarktisstationen wird ebenso in Bremen entwickelt und gebaut wie Stufen europäischer Trägerraketen. Die gebürtige Hamburgerin Angela Merkel sagte, wenn Hamburg als Tor zur Welt gelte, sei Bremen Tor zum Weltall. Bremerhaven hat eines der größten Autoterminals der Welt. In Bremen-Hemelingen steht die größte Gefriertrocknungsanlage der Welt für löslichen Kaffee. Auch unter Mittelständlern gibt es viele Marktführer in Europa oder darüber hinaus – für Schiffslampen, Wägetechnik, Software für bildbasierte Medizin, für Testgeräte für die Kabelindustrie, selbst für Erotikspielzeug.

Wenn man in der Altstadt herumstreunt, wirkt alles gediegen, und dies nicht nur zur Weihnachtszeit mit dem Geruch gebrannter Mandeln vor dem Dom. Einen vergleichbaren Platz mit Rathaus, dem Schütting, dem Dom und der Bürgerschaft (Landtag) samt zweier berühmter Statuen, dem Roland und den Bremer Stadtmusikanten, vermag keine andere deutsche Stadt aufzuweisen, auch nicht zwei Weltkulturerbestätten auf einem Platz. In dem Dreiklang steht der Schütting zwischen Rathaus und Dom, der Kaufmann zwischen Politik und Kirche. Unter dem mit Kupfer erneuerten Giebeldach des Renaissancebaus prangt der Wahlspruch, der für Bremen und seine Kaufleute steht – „Buten un binnen / Wagen un winnen" (Draußen und drinnen / Wagen und gewinnen). Groß- und Außenhändler stellen im Plenum der Bremischen Handelskammer ebenso viele Vertreter wie die Industrie. Viele dieser Kaufmannshäuser sind „nur" drei oder vier Familiengenerationen alt – so manche aber auch sechs bis acht Generationen. Viele gingen mit dem

Strukturwandel ein. Vor 80 Jahren gab es in Bremen 56 Rohtabakhändler, heute sind es nur noch vier. Was zeichnet diesen ehrbaren Kaufmann aus? Man könne sich felsenfest auf ihn verlassen, auf einen Händedruck statt eines ausgeklügelten Vertrages. Ehrbare Kaufleute stellen an sich selber einen moralischen Anspruch; und sie spenden. Wer das nicht tut, zählt in der eng geflochtenen bremischen Gesellschaft, in der jeder jeden kennt, eben nicht dazu, unabhängig davon wie viel Geld dahintersteckt. Die erste Gruppe ist auf den Kaufmannsfesten zu sehen, selten die Eigentümer großer Parkhäuser, Kasinos, Einzelhandelsketten. Familiennamen halten diese Geltung über Generationen – Jacobs etwa, Duckwitz, Lamotte, Schütte, Kulenkampff. Oft stellten sie zumindest früher die Bürgermeister und Senatoren. Bremen ist gleichsam eine Bürgeraristokratie. Hier gibt es kurze Wege, aber auch die Gefahr der Distanzlosigkeit und der Verflechtungen. Manche befürchten, dass dieses Bremen zum Museum werde und es mittlerweile eine ganz andere Stadt sei, egalisierter und vermengter. Das „historische Bündnis von Kaufmannschaft und Arbeiterschaft", das der Nachkriegsbürgermeister Wilhelm Kaisen schmiedete, schwand und wurde zur Parallelgesellschaft.

Bremen ist gerne anders als andere Bundesländer oder andere Regionen. Gediegen, schwierig, selbstbewusst. Manchmal mag die Selbstzufriedenheit allzu groß sein. Man kennt nur einen Titel – den Bürger. In den acht Jahren, in denen bis Herbst 2014 der Autor als Korrespondent der Frankfurter Allgemeinen Zeitung die Hansestadt beobachtend, schreibend, genießend begleiten durfte, faszinierten ihn nicht zuletzt die Nischen, in denen sich Bremen unterscheidet. Neben der Sozialstruktur und den Kaufmannstraditionen sind das etwa die Kirchenordnung, die sich von allem abhebt, was sonst im Evangelischen geläufig ist – hier ist jeder sein eigener Papst. Oder das politische System mit Eigenheiten verwischter Verantwortlichkeiten von Deputationen bis zum Wahlsystem. Noch ungewöhnlicher ist die politische und rechtliche Struktur Bremerhavens – der „freiesten Kommune Deutschlands".

Die „Streifzüge" versuchen, auch das zu zeigen, was politische Analysen oder Reiseführer eher übersehen – von Bremer Klaben bis zum Tanzfilmarchiv und die stillen Riesen in Forschung, Wirtschaft und Kultur. Selbst fürs richtige Kleben steht in Bremen die größte europäische Forschungsinstitution.

Ein Teil der Beiträge sind in der FAZ erschienen (aber alle wurden ergänzt), andere wurden geschrieben für diesen Band. Einige vermeintliche Wiederholungen im Text sind der Lesbarkeit einzelner Abschnitte wegen eingefügt. Dies mag man als verhaltene Liebeserklärung, jedenfalls aber als Faszination am Sonderweg, deuten.

Der Autor, der vielen Bremern für gute Gespräche und Vertrauen dankt, ließ sich anstecken von den bremischen „Reisebriefen eines Artisten" von Joachim Ringelnatz: „Denn die Stadt ist echt, und echt ist selten. Reich ist die Stadt. Und schön ist ihre Haut."

Bremens Doppelgesicht

Gallisches Dorf

Bremen ist eine in sich geschlossene Welt, ein Biotop mit eigenem Charme, das linke Gesinnung, Stolz auf das Ureigene und bürgerliche Lebensart verbindet, untypisch für alles andere in Deutschland – und bisweilen einem Hang zum Selbstgerechten. So ist es für Außenstehende nicht leicht ergründbar. Zu Außenstehenden rechnen echte Bremer auch jene, die erst seit einigen Jahrzehnten dort wohnen. Echter Bremer ist nur der Tagenbaren – alle vier Großeltern sowie die Eltern müssen in Bremen geboren (boren) und aufgewachsen (tagen) sein. Das Land kann als einziges neben Hamburg auf eine weitgehend ungebrochene republikanische Tradition verweisen und eine autonome, sich selbst regierende res publica – nur Napoleon und Hitler vermochten das jeweils für einige Jahre zu unterbrechen.

Das Rätselhafte beginnt schon mit der Parteipolitik. Die SPD stellt seit 70 Jahren den Regierungschef, der den unprätentiösen Doppeltitel Bürgermeister und Senatspräsident trägt. Das begann 1945, als der amerikanische Stadtkommandant Wilhelm Kaisen zum Bürgermeister vorschlug und damit Bremen zum letzten politischen Erbhof der Republik machte. Mit seinem volkstümlichen Auftreten und seiner bescheidenen privaten Lebensführung wurde er zur Symbolfigur des Aufschwungs aus den Trümmern des Zweiten Weltkrieges. Hans Koschnick, Klaus Wedemeier und Henning Scherf setzten die Tradition fort. Maßgeblichen Anteil hatte gut ein Jahrzehnt lang Jens Böhrnsen daran, dass die SPD sich auch dann als Sieger geben konnte, wenn sie bei den Bürgerschaftswahlen stark Stimmen verlor. Seine Fähigkeit, in Stimmlage, Auftreten und Wortwahl den Politiker darzustellen, der alle eint, versteht und vertritt, entsprach der Stimmung der Bremer. Sie setzen auf Harmonie und wollen Probleme der Stadt verdrängen. Sein äußeres Auftreten – graue Haare, Brille, fast stets im Anzug, ruhige unaufgeregte Stimme – und sein Sprechen in großen Linien, in die auch mal das Wort Stolz einfloss, tat Bremern offenkundig gut. Damit übertünchte er Verwerfungen und Ämterpatronage, die einer Partei eigen sind, die ohne Unterbrechung sieben Jahrzehnte und mehr regiert und die von der Sozialpolitik bis zur Überschuldung Zeichen des Versagens zeigt. Für einige in der Bremer SPD ist die 1919 ausgerufene Räterepublik, offiziell „Sozialistische Republik Bremen", ein Mythos, für andere ein Trauma. Böhrnsens Nachfolger nach dessen Rücktritt im Sommer 2015 wird einige Zeit brauchen, bis er dessen Ansehen gewinnt.

Ihre Koalitionspartner, abwechselnd CDU und die Grünen, bezeichnen das als „Bremer Ordnung" – die SPD gewinnt und bestimmt, die anderen sind aus deren Sicht Fußvolk. Acht Jahre lang, bis 2003, war das die CDU, die in die rot-schwarze Koalition wenig Eigenes einbringen konnte, danach die Grünen. Bremen war stets ein politisches Labor – das erste Bundesland, in dem die Grünen aufstiegen, die Linkspartei in einen westdeutschen Landtag einzog, das eine Ampel-Koalition hatte. Die Koalition hinderte führende Grüne nicht, auch mal gegen Seilschaften und Selbstbedienungs-Netzwerke aus SPD und Gewerkschaften zu wettern, gegen Filz und Vetternwirtschaft bei der Besetzung wichtiger Posten. Grüne gewannen Stimmen bei der Jugend und der akademischen Welt der Bremer Universität, aber auch in Villenvororten nahe der Innenstadt.

Bremische Grüne, wiewohl heterogen, geben sich mittlerweile fast schon als bürgerliche und liberale Partei der Stadt, auch wenn sie die Wirtschaft gerne mit Umweltauflagen und ihrer Verkehrspolitik erzürnten. Derweil ist eine echte Opposition kaum zu spüren in der Bürgerschaft, deren Plenarsitzungen dank der Doppelrolle als Landtag und Kommunalparlament bisweilen rührend-dörflich wirken. Die Bürgerlichen im Landtag sind schon wegen der geringen Fraktionsgrößen und der Tradition des inneren Spaltens und Zerfleischens schwach. Die CDU war eine überalterte und auf Konsens angelegte Partei, in der sich nicht viel änderte. Es folgten geglättete jungsmarte Männer und dann eine Spitzenkandidatin, die mit ihrem Imagewechsel von Eleganz zu Kapuzenpullis Erfolg hatte. Das war bei der FDP ähnlich, die immerhin das erste Vierteljahrhundert nach dem Krieg stets mit Senatoren in einer Koalition mit der SPD vertreten war. Mehrfach gründeten unzufriedene Bürger und Unternehmer Wählergruppen, die sich aber nur einmal in den Neunzigern durchsetzen konnten. Gegenpol, auf den gehört wird, ist weniger der Oppositionsführer denn der jeweilige Präses der Handelskammer. Ob der dominierenden Rolle der Handelskammer wird gerne übersehen, dass die Handwerkskammer am Ansgarikirchhof vermutlich die älteste Handwerkskammer der Welt ist.

Die Linkspartei erzielte zwar zur Verwunderung von Parteigängern in anderen Bundesländern prozentual ein achtbares Ergebnis. Ernst genommen wurde sie außerhalb der Stadtgrenzen aber kaum – in der Bürgerschaft setzte sie nicht spürbare Duftmarken. Wer über sie spricht, erwähnte bis vor Kurzem vor allem bizarre Anekdoten – etwa jene, dass ein Bürgerschaftsabgeordneter von der von ihm selbst mit einem Minijob eingestellten Putzfrau seines Büros gestürzt wurde. Splitterparteien in der Bürgerschaft gab es früh auf der Rechten dank des Wahlrechts und der gemessen an der Bevölkerungsgröße hohen Sitzzahl. In Nordrhein-Westfalen vertritt ein Landtagsabgeordneter fast 100.000 Wähler, im Durchschnitt der Bundesländer sind es 38.000, in Berlin und im Saarland jeweils 20.000 Bürger. In Bremen aber kommt ein Abgeordneter auf 6.000 Bürger, in Bremerhaven gar 5.800 Bürger.

Einig sind sich SPD und Grüne, CDU und Linkspartei in einem: Sie wollen Bremen als eigenständige Gemeinschaft, als Bundesland, als gallisches Dorf halten, koste es, was es wolle. Das hatte die SPD in ihrer Wahlstrategie 2015 umgesetzt: Sie hielt Gegnern entgegen, wer Bremen mit der höchsten Pro-Kopf-Verschuldung, dem Anschwellen von Insolvenzen und Arbeitslosigkeit, der statistisch nachgewiesenen Schulmisere kritisiere, rede die Stadt schlecht. Er gefährde Finanzhilfen von außen und das eigenstaatliche Überleben. Damit baute die SPD auf eine weitere Bremer Eigenheit – dass viele Bürger stolz sind auf ihren Regierungschef in einem Land, das im Experimentieren anderen oft ein paar Jahre voraus ist. In Bremen, so der Alt-Bürgermeister, feiere man entweder die Revolution oder die Meisterschaft. Dabei meint Böhrnsen Werder Bremen, der in der ewigen Bundesliga-Erfolgstabelle gleich hinter Bayern München kommt.

In einigem sind sich fast alle in Umfragen einig: Bremen ist liebenswert, aber auch verfilzt. Eine Unternehmensberatung,

Wahlspruch Bremer Kaufleute am Portal des Schütting

deren Gründer aus der Universität Bremen hervorgingen, befragte 300 Unternehmer, Politiker, Beamte und herausragende Bürger nach ihrem Bild ihrer Heimatstadt. Dabei war die Offenheit der Selbstkritik auch des Senats überraschend. Er warnte, dass gerade bei lobenden Punkten – ein ansprechendes Stadtbild, ein entspanntes Miteinander, ein bodenständiges Understatement, vielfältige Kulturangebote – das für jene gelte, die befragt wurden, also die Elite, weniger klar aber für die „normale" Bevölkerung. Die Elite befand, Bremen sei eine Stadt mit außergewöhnlich hoher Lebensqualität. Damit aber gehe die politische Umsetzung nicht einher. Tonangebende Bewohner sehen die Hansestadt also eher als einen angenehmen Lebensraum denn als einen erfolgreichen Leistungsraum. Dabei gab es Ausnahmen. Fast durchgehend hervorgehoben wurde die enge Vernetzung von Wirtschaft und Wissenschaft.

Enge Vernetzung: Das war auch eine der beiden Punkte starker Kritik – der Filz in der Stadt, in der „jeder jeden kenne". Der zweite große Vorwurf, Bremen verliere seine soziale Kompetenz, die Fürsorglichkeit, auf die die Sozialdemokraten ebenso setzen und stolz sind wie ihre Bürger, dürfte den Senat mehr noch schmerzen als andere Befunde, wie eine unzureichende Leistungsfähigkeit, von der drei Fünftel der Befragten sprachen. Unternehmer werfen Politikern Kompetenzmängel und Kirchturmpolitik, Machterhaltung und Überregulierung, hektischen Aktionismus und Strukturschwächen vor, und das bei einer instabilen Zweiklassengesellschaft.

Bürgerstolz, Tradition, Versagen

Das mit Abstand kleinste Bundesland ist als einziges in zwei geografische Teile, Bremen und Bremerhaven, zerteilt. Zwei Städte und ein Bundesland bilden die Bremer Trinität. In der politischen Landeskunde, der politischen Kultur und der Zusammensetzung der Bürgerschaft spielt das von preußischem

Recht geprägte Bremerhaven eine Sonderrolle. Bürgermeister Johann Smidt gründete es 1827 auf einem vom Königreich Hannover erworbenen Gelände. Der Bremer Hafen, lange dank des Außenhandels Quell des Wohlstandes, war für große Schiffe nicht mehr erreichbar. Zudem verteidigte Smidt auf dem Wiener Kongress 1813 die Unabhängigkeit Bremens. 1947 kam Bremerhaven, das bis dahin Wesermünde hieß, zum Land Bremen. Anteil an der Landesgründung hatten die amerikanischen Besatzer, die einen eigenen Hafen brauchten und daher Bremen verwalteten, während das übrige Nordwestdeutschland zur britischen Besatzungszone zählte. So ist das Land Bremen ein Stadtstaat wie Hamburg und Berlin, aber geografisch eine durch Niedersachsen getrennte Doppelstadt. Dank der Historie und der unterschiedlichen Interessen der amerikanischen und der britischen Besatzungszone hat Bremerhaven ein verfassungsrechtlich verbrieftes Eigenleben und eine fehlende Außenkontrolle, die noch über die bremischen Eigenheiten hinausgehen. Dies sei die „freieste Kommune Deutschlands" oder gar ein „siebzehntes Bundesland", befinden Verfassungsjuristen.

Seine Unabhängigkeit und Souveränität vermochte der Stadtstaat Bremen seit dem frühen Mittelalter zu wahren. Das kam in Schritten. 782 wurde er erstmals urkundlich erwähnt im Zusammenhang mit dem Sachsenaufstand gegen Karl den Großen. Bremen ist ein wenig stolz auf seine karolingischen Wurzeln und darauf, ältestes Bistum auf sächsischem Boden zu sein. Erzbischof Adalbert von Bremen, wichtigster Berater und auch Vormund ottonischer Könige, wurde vom Papst ernannt zum Legaten bei allen Völkern des Nordens bis hin nach Grönland und der Slawen zwischen Elbe und Peene. Kaiser Friedrich Barbarossa privilegierte Bremen 1186 mit ersten städtischen Freiheitsrechten. 1541 sicherte Kaiser Karl V. im Umfeld des Regensburger Reichstages den autonomen Status. Am 1. Juni 1646 erkannte Kaiser Ferdinand III. mit dem Linzer Diplom die Anerkennung als Reichsstandschaft – Bremen war eine unmittelbar dem Reich unterstellte Freie Stadt. Dreizehn kaiserliche Edikte und Diplome erhielt Bremen insgesamt zu seiner Selbstständigkeit. 1806 wird Bremen ein selbstständiger, souveräner Freistaat, der sich Freie Hansestadt nennt.

Das Selbstbewusstsein reicht also lange zurück. Vor mehr als 1.200 Jahren wurde das Bistum begründet. Bald wurde es ein Erzbistum, dessen Grenzen bis nach Skandinavien reichten und dessen Erzbischof spätere Hansestädte wie das lettische Riga gründete – im Innenhof des rigensischen Doms zeugt eine Statue des Erzbischofs Adalbert (Albert) von Bremen davon. In seinen Zeitläuften war der Dom zu Bremen Symbol schwieriger historischer Verwicklungen – zwischen der Kirche und der Stadt, dem Dom und dem Rathaus gab es heftige Fehden. Das Erzbistum wurde im Dreißigjährigen Krieg säkularisiert. Nur zweimal in seiner Geschichte verlor Bremen kurzzeitig seine Eigenständigkeit: drei Jahre nach 1810 unter Napoleon; und 1934 mit der Gleichschaltung der Länder im Dritten Reich. Dazu kamen kurze Wochen der Bremer Räterepublik im Januar 1919, als Mythos im Bewusstsein der örtlichen SPD verankert.

Am 22. Januar 1947 einigten sich die amerikanische und die britische Militärregierung darauf, die Hansestadt als selbstständiges Land wiederherzustellen. Bremen war damals amerikanische Enklave in der britischen Besatzungszone. Und das sicher nicht aus Nostalgie, weil Bremen als erstes Land der Welt die Unabhängigkeit der Vereinigten Staaten anerkannte. Der Kommandierende General der amerikanischen Streitkräfte in Europa und amerikanische Militärgouverneur in Deutschland, Joseph T. McNarney, unterzeichnete die Proklamation Nummer 3, die knapp zwei Jahre nach Kriegsende die bremische Eigenständigkeit zusicherte. Einige Tage später begrüßte General Lucius D. Clay Bremen auf der Tagung des Länderrates der amerikanischen Zone als „Land oder Staat". Bremen ließ sich damals nicht mit Gebieten des jungen Niedersachsen abrunden. Der legendäre Bürgermeister Wilhelm Kaisen zog einen funktionierenden Stadtstaat mit einem Überseehafen einem

Flächenstaat vor (zumal Bremen sonst mehr bäuerliche CDU-Wähler gehabt hätte). Freiheit und Selbstbewusstsein wurden zuletzt ausgehöhlt – abhängig wurde Bremen angesichts seiner Überschuldung vom Wohlwollen des Bundes und der anderen fünfzehn Bundesländer, die über den Finanzausgleich einspringen. Wenn sie zu unwirsch werden, klagt Bremen vor dem Bundesverfassungsgericht auf Nothilfe, bisher zweimal.

Auf Leuchttürme kann Bremen indes auch weisen, und auf regionale Besonderheiten. Kaum ein anderes Bundesland begeht so viele jahrhundertealte Feste, die weit über die Region hinaus bekannt sind – die Eiswette, das Essen des Ostasiatischen Vereins und vor allem die Schaffermahlzeit. Bremen weist auf Felder, auf denen es vor noch ein, zwei Jahrzehnten unrühmlich genannt wurde. Galt die Universität als „rote Kaderschmiede" ohne akademische Substanz, genießt sie nun in der Forschung, der Hochschulpolitik und auf dem Arbeitsmarkt einen hohen Ruf. Sie wird ergänzt durch die Jacobs University Bremen, die vielen als beste Privatuniversität Deutschlands gilt. Ähnlich sieht es aus bei der Wirtschaft mit einer Vielzahl mittelständisch geprägter Weltmarktführer.

Statistiken und Rekorde: Damit brüsten sich Bremer trotz aller Zurückhaltung gerne. Sie verweisen darauf, dass sie das erste deutsche Kaffeehaus hatten und die zweitgrößte Rhododendron-Sammlung der Welt (in der Botanika); den einzigen erhaltenen Kolonialwarenladen in Deutschland im „Viertel" und die erste astronomische Gesellschaft der Welt; dass die Gartenstadt Vahr als erstes Großvorhaben des sozialen Wohnungsbaus in Deutschland galt – dem Konzept der Neuen Vahr mit dem Aalto-Hochhaus folgten andere Schlafstädte auch im Ausland; dass in seinen Stadtgrenzen der einzige Schiffsbildhauer der Welt lebt, der Galionsfiguren baut, und der einzige Mensch in Europa, der die traditionelle japanische Lackkultur beherrscht und praktiziert; dass der Leuchtturm „Roter Sand" nicht nur das erste Offshore-Bauwerk der Welt war, sondern zeitweise auch das einzige deutsche Hochsee-Hotel. Wer Spaß hat an solchen Angaben, aber die Bremer daher auch als spleenig einstufen mag, übersieht ihr Augenzwinkern: Das Bremer Institut für Arbeitsmarktforschung und Jugendberufshilfe, getragen von einem Verein, unterhält ein gerne zitiertes „Büro für absurde Statistik".

Bremens gute Stube

Zwei Weltkulturerbestätten nur wenige Schritte voneinander entfernt, der Roland und das Rathaus. Dabei ist den Menschen etwas Drittes geläufiger. Es steht im Schatten der Rathauswand – Esel, Hund, Katze und Hahn. Besucher suchen als Erstes deren von Gerhard Marcks gestaltete Bronzen. Die Bremer Stadtmusikanten gelten als das berühmteste deutsche Märchen. Wer sich fotografieren lassen will, wie er die abgeschabten Beine des Esels anfasst, muss Geduld haben. Die vier Stadtmusikanten haben aber, folgt man Grimms Märchen, die Domstadt – für sie der Inbegriff eines besseren Lebens – nie erreicht. Dennoch ersetzte das Bremer Stadtmarketing in seinem Logo den Bremer Schlüssel durch Esel, Hund, Katze und Hahn. Die Bronzeplastik wirkt wie die Meerjungfrau in Kopenhagen oder das Manneken Pis in Brüssel im wirklichen Leben kleiner als in Abbildungen und der Vorstellung. Echte Bremer lässt das kalt. Sie wissen, was sie an ihrer Stadt haben und wollen gerade nicht das Große. Sie setzen auf Eigenständigkeit und Eigenart, auch auf eine geschickte Selbstdarstellung. Wie der 1404 als Symbol der Stadtfreiheit errichtete Roland aus Kalkstein, das unerreichte Vorbild für Rolandstatuen in aller Welt und zur Bauzeit die größte Statue Europas nördlich der Alpen. Er kann den Weg weisen, aber auch Kinder einschüchtern, wie der Träger des Bremer Literaturpreises Peter Weiss beschrieb. In seinen Kinderjahren in Bremen sah er den gewaltigen Ritter mit Schwert nicht als Schutz, sondern als Bedrohung. Der Roland aber symbolisiert mit dem Spruch auf dem Wappenschild

„Freiheit offenbare ich euch" das, wofür echte Bremer stehen – Stolz und Freiheitsstreben einer Stadtrepublik, deren Bürger Orden ablehnen.

Auf dem Marktplatz feiern Bremer gerne. Immer wieder wandelt Bremens gute Stube ihr Gesicht: beim Weihnachtsmarkt mit Glühweinbuden, dem Musikfest Bremen, beim Straßenzirkus – hier fühlt es sich heimelig an und doch erhaben. Bisweilen singen dort Shanty-Chöre für die Gäste des Schaffermahls, wenn sie im Frack die paar Schritte vom Schütting zum Rathaus gehen. Dafür lassen Inhaber von Weltunternehmen Fusionsverhandlungen ruhen und kommen an die Weser. Wer so etwas bieten kann, grämt sich nicht ob des Stadtnamens – angeblich kommt er von „verbrämen" – „an den Rändern gelegen".

Wer erstmals kommt und wenig Zeit hat, läuft die wenigen Minuten vom Bahnhof vorbei am Übersee-Museum über die Wallanlagen zum Marktplatz. Dort bündelt sich „alles". Das Sandstein-Rathaus mit Laubengang im Weserrenaissance-Stil ist Stolz jeden Bremers nicht nur wegen des von Wilhelm Hauff verewigten Ratskellers, den viele als „die Bremer Attraktion schlechthin" betrachten. Wer durch die Hallengewölbe mit mächtigen geschnitzten Weinfässern und Holzverschlägen geht, kommt in „jüngere" Räume – der Bacchuskeller wurde „erst" 1620 angelegt. Sie sind zum Ausgleich für fehlende Täfelung mit Fresken ausgemalt. Den Hauffsaal schmückte Max Slevogt mit Motiven aus Wilhelm Hauffs Erzählung „Phantasien im Bremer Ratskeller". Diese hat den Ratskeller, wie patriotische Heimatchronisten vermerkten, „im ganzen deutschen Land bekannt" gemacht. Wem die Weinkarte mit gut 600 Weinsorten zu kurz ist, lässt sich die große Weinkarte des Ratskellers bringen. Der Kellermeister wählt aus jährlich 3.000 Weinen des neuen Jahrgangs – ausschließlich deutsche – etwa 150 aus, die das Ratskeller-Prädikat verdienen. Meist unverkäuflich gelagert werden weitere 600 Spitzenweine – ältester trinkbarer ist ein Rüdesheimer Apostelwein aus dem Jahr 1727. Das mit

800 Sitzplätzen größte Weinlokal Deutschlands ist vermutlich als einziges der Welt Teil eines Unesco-Weltkulturerbes. Und einer der wenigen Orte, an denen Heinrich Heine eher sentimental war denn spöttisch: „Ich trank auf das Wohl meiner bittersten Feinde, Und allen schlechten Poeten vergab ich … Ich weinte vor Andacht, und endlich Erschlossen sich mir die Pforte des Heils.‟

Manches im Rathaus überkam wenig verändert aus dem Mittelalter – die beiden großen Hallen, der Erker, das Fresko von 1532, das an die Gründung des Bistums durch Karl den Großen und Bischof Willehad im Jahr 787 erinnert. Die Stadtväter beließen es nicht beim Hergebrachten. Sie halten vertrauliche Sitzungen in der Güldenkammer, die Heinrich Vogeler aus dem nahen Worpswede 1905 im Jugendstil ausgestaltete – seine stilisierten pfauenähnlichen Vögel und Pflanzenzierrat kehren in der vergoldeten Ledertapete wieder. Dies sei, sagt ein Bremen-Buch plastisch, „das Schmuckkästchen in der großen Schatzkiste‟. Das Rathaus ist aber nicht nur Bewahrer der Asche: In seinem Kaminsaal überzeugten Helmut Schmidt und Valéry Giscard d'Estaing bei einer Sitzung des Europäischen Rates die anderen Europäer von der europäischen Währungsunion.

Der Bürgermeister schaut vom Rathaus auf die neu erbaute Bürgerschaft – gleichsam die Brücke zwischen den drei Kraftzentren, die am Marktplatz die Geschichte Bremens widerspiegeln. Neben dem Rathaus ist das zum einen der Schütting, erbaut im Renaissance-Stil Flanderns, als Vertretung der Kaufleute und der Reeder. Wie im Rathaus stehen und hängen hier Schiffsmodelle, Gobelins, Wappenfenster, Kaminuhren. Händler brachten Kaffee, Tee, Gewürze, Wein aus aller Welt nach Deutschland. Ihre Nachfahren exportieren aus dem viertgrößten Containerhafen Europas in der Schwesterstadt Autos in alle Welt; und sie stellen Hochtechnologie her. Bremen ist ein Zentrum der Luft- und Raumfahrtforschung und -fertigung in Deutschland – hier werden Weltraumlabore und Raketenstufen entwickelt und gebaut. Auch hier bietet Bremen den Vorteil kurzer Wege zwischen Theorie und Praxis, Wirtschaft und Wissenschaft – was indes zum bremischen Klüngelgefühl beitragen mag.

Das dritte Dreieck am Marktplatz ist natürlich der frühgotische Dom St. Petri mit seinen mächtigen Türmen. Der Dombezirk, der abwechselnd Schweden, Dänemark und dem Königreich Hannover gehörte, wurde erst 1803 in die Freie Hansestadt eingemeindet. Damals war Hamburg bischoflos und dem Bremer Erzbischof unterstellt. Wenige Schritte entfernt steht Unser Lieben Frauen als das zweite wichtige Kirchengebäude der Stadt. Die Bedeutung der Kirche schwand weiter in den letzten Jahrzehnten. Die Teilnehmer des Deutschen Evangelischen Kirchentages fanden eine eigentümlich strukturierte und dezentralisierte Landeskirche ohne Bischof vor und Protestanten, deren Anteil an der Bevölkerung sich von den frühen Siebzigern bis heute meist durch Austritte halbierte.

Einen anderen ungewöhnlichen Blick auf den Marktplatz, wiewohl der Allgemeinheit versperrt, bietet das Rondell im sechsten Stock der Baumwollbörse. Auch wenn Baumwolle für Bremen nicht mehr den gleichen Rang hat wie einst – die Internationale Baumwolltagung in Bremen ist das weltgrößte Treffen von Händlern, Herstellern und Forschern der Branche. Im Foyer zeigt eine Weltkarte das breit angelegte Denken der Bremer. Wer von der Baumwollbörse die Straße überquert Richtung Bürgerschaft, kommt auf den Börsenhof, dessen Umbau eine jener schönen Geschichten zeigt, die Bremen eigen sind. Hier schuf ein Bremer Familienunternehmen mit Weltrang seinen neuen Sitz – Kaefer dämmt so ziemlich alles gegen Kälte, Hitze, Lärm. Sich selber isolieren wollte es aber nicht – die Klingel zur Tür mit einem kleinen Firmenlogo sollte frei vor dem Eingang stehen. Ob das gegen den Denkmalschutz oder gar das Weltkulturerbe um die Ecke verstößt, beschäftigte die halbe Stadt bis hin zum Bürgermeister – wohl der einzige deutsche Regierungschef, der sich um Klingeln kümmern muss.

Der Bremer Schlüssel: Stadtwappen im Senatssaal des Rathauses

Wer vom Marktplatz nicht zum Domshof und seinem Bankenviertel, sondern an der Baumwollbörse vorbei zur Domsheide geht, kommt zur Glocke. Herbert von Karajan zählte es zu den drei besten Konzerthäusern Europas – darunter tun es Bremer nicht. „Die Glocke" ist Aufführungsort der Deutschen Kammerphilharmonie Bremen, dem musikalischen Botschafter der Hansestadt. Manche zählen sie zum Besten, das Europa in der klassischen Musik zu bieten habe. Die herausragende Akustik, charmant bisweilen unterbrochen vom Vibrieren der vorbeifahrenden Straßenbahn, beruht auf der Bauweise: ein lang hingezogener enger Raum. Wandverkleidungen, Decke und Parkett sind teils nicht mit der Mauer verbunden und unterstützen so die Schwingungen.

Jeweils wenige Schritte entfernt sind zwei andere Sehenswürdigkeiten, die jeder Besucher anstrebt – der Schnoor und die Böttcherstraße. Die verwinkelte Gasse Schnoor mit Fischer- und Handwerkerhäusern hat als einziger Winkel der Altstadt den Bombenkrieg unbeschadet überstanden, schief und quirlig. Kürzer noch ist die Böttcherstraße, und aus einer ganz anderen Zeit. Sie verdankt ihren Umbau zu Beginn des vorigen Jahrhunderts der Tatkraft des Erfinders von Kaffee Hag, dem Werbegenie Ludwig Roselius. Verspielte Nischen, Giebel, Statuen reizen zum Schlendern zu den einander verbundenen Museen Roselius-Haus und Paula-Modersohn-Becker-Haus. Letzteres ist das erste Museum Deutschlands, das ausschließlich einer Künstlerin gewidmet ist. Wie beim Vogeler-Einfluss im Rathaus profitierte Bremen von der Nähe zur Künstlerkolonie Worpswede, dem „Weltdorf der Kunst".

Bremen ist eine Stadt der Denkmäler und Museen, unter ihnen neben der Kunsthalle und dem Übersemuseum das Focke-Museum für Stadtgeschichte und Gewerbekunst und die Weserburg als erstes deutsches Sammlermuseum für Gegenwartskunst. Dazu kommen versteckte Kulturgüter und Archive. Hanse-Akten – Bremen trat der Hanse vor gut 650 Jahren bei – vermutet man ohnehin dort. Dazu zählt auch das Deutsche Tanzfilminstitut Bremen, die nach einer Sammlung in New York zweitgrößte Kollektion gefilmter Tanzdokumente in der Welt. Das Institut für Presseforschung hat, als einziges Hochschulinstitut für die Geschichte der Zeitungen und Zeitschriften in Deutschland, das umfangreichste Mikrofilmarchiv deutschsprachiger Periodika des siebzehnten und achtzehnten Jahrhunderts. Die klare Haltung von Friedensaktivisten in Bremen zeigt sich in der Forschungsstelle Osteuropa, einst Anlaufstelle für Bürgerrechtler des früheren Ostblocks. Vor und nach der Perestroika und den politischen Umbrüchen war dies eine Drehscheibe für Intellektuelle und Politiker des östlichen Europa – sichtbar daran, dass der Schriftsteller Lew Kopelew und andere ihre Archive diesem Zentrum übergaben.

Ob all der Historie mag der flüchtige Besucher die zeitgenössische, in Bremerhaven auch futuristische Architektur übersehen. Im „eigentlichen" Bremen bündelt sich das in der Übersestadt mit seinen umgebauten Speichern, die zu einem neuen Kerngebiet urbanen und kulturellen Lebens ausgebaut wird, und in teils finanziell fehlgeleiteten Großprojekten wie dem walförmigen Wissenschaftszentrum Universum und dem einstigen Unterhaltungszentrum „Space Park".

Experimentierfreudiger und erfolgreicher bei Neubauten ist der Ableger Bremerhaven, der sich stets benachteiligt fühlt – wegen der Entfernung von 66 Kilometern und mangelhafter Bahnanbindung ist es vom Besucherstrom abgeschnitten. Wer klein ist, muss irgendwie auffallen. Mit seinem Ausbau des Fremdenverkehrsangebots versucht Bremerhaven, dem nahezu dramatischen Bevölkerungsschwund entgegenzuwirken. Durch die Verlagerung der Hochseefischerei in den Siebzigern, den Abzug der amerikanischen Soldaten und die Werftenkrise erlebte die Nordseestadt gleich drei Nackenschläge. Wie in Bremen liegt in Bremerhaven Wesentliches direkt nebeneinander – das Deutsche Schifffahrtsmuseum mit seinem Museumshafen, seiner Hansekogge als „Weltsensation" und 15.000 Jahren Schifffahrtsgeschichte; und das Klimahaus, in dem Besucher sich in alle Klimazonen der Welt hineinträumen können. Nahebei steht das renommierte Alfred-Wegener-Institut für Polar- und Meeresforschung. Im Deutschen Auswandererhaus, schon bald nach der Gründung ausgezeichnet als Europäisches Museum des Jahres, können Familienangehörige den Wegen und Motiven ihrer Vorfahren nachspüren: Um die sieben Million Menschen wanderten zwischen 1830 und 1974 von Bremerhaven in die Neue Welt aus. So spielten Bremen wie Bremerhaven für viele Menschen Schicksal.

Mit der verankerten bürgerlichen Kultur ist die Kultur des Stiftens verbunden. Nur so gibt es den Bürgerpark, die Kunsthalle, das Gerhard-Marcks-Haus für Bildhauerei, das Wilhelm-Wagenfeld-Haus für Design des „Schönen und Nützlichen", das Übersee-Museum als eines der meistbesuchten Museen Deutschlands, einen Rhododendron-Park, die Kammerphilharmonie, das Theater. Bisweilen kam der Anstoß, etwa zum Bürgerpark, weil die Stadt wie auch heute finanziell klamm war. Sogar eine Privatuniversität blüht dank einer Bürgerstiftung:

Klaus Jacobs, der verstorbene Spross der Kaffeedynastie, hatte der nun nach ihm benannten privaten Internationalen Universität Bremen 200 Millionen Euro gestiftet, die höchste Spende je eines Privatmannes an eine Hochschule in Europa. Ohne den Mäzen Ludwig Roselius gäbe es die Böttcherstraße nicht, das Roselius-Haus mit seiner Kunstsammlung und das Paula-Modersohn-Becker-Haus. Um die 200 Stiftungen gibt es in Bremen. Der Anteil von Stiftungen gemessen an der Bevölkerungsgröße wird in Deutschland nur von Hamburg übertroffen – so wie auch das Durchschnittseinkommen der Bremer in Deutschland nur von Hamburgern übertroffen wird. Wer kritteln mag, wird sagen, das sei nicht immer nur aus Milde geschehen – wer nur Geld anhäufte, ohne auch zu spenden oder sich ehrenamtlich einzusetzen, wurde nicht zur Elite, zum inneren Kreis gezählt.

Namen ehrwürdiger Stifter gibt es zuhauf – an erster Stelle aber ist in jüngerer Zeit neben Klaus Jacobs der Großhandels-Unternehmer Uwe Hollweg zu nennen. Ohne die mit seiner Frau gegründete Stiftung wäre vieles in Kultur, Denkmalpflege und Kunst in der Stadt, die ihn zum Ehrenbürger benannte, nicht möglich geworden. Wenn es heißt, eine Schieflage sei dank der Hilfe eines „unbekannten Mäzens" gelöst, ist es oft deren Stiftung. Ohne sie fehlte der Kunsthalle ein ganzer Flügel des Anbaus, die Weserburg wäre möglicherweise geschlossen, die Kammerphilharmonie müsste abbauen, viele Ausstellungen oder Kataloge gäbe es nicht. Das Ehepaar Hollweg zählt zu den bedeutenden deutschen Kulturmäzenen. Für Bremens Kulturleben wichtig als Mäzen sind auch der Eduscho-Nachfahre Rolf Schopf und dessen Frau sowie der Aphorismen schreibende Kaufmann Klaus Hübotter. Ohne Hübotter gäbe es weder den Speicher XI noch die Villa Ichon, in der sich Friedensbewegte und Bürgerrechtler sammeln, oder den alten Sendesaal von Radio Bremen.

Die Zweigesichtigkeit Bremens zeigt sich im Stadtbild wie auch in der sozialen Kluft. Gediegener Wohlstand wird sichtbar in Stadtteilen wie Schwachhausen mit seinen geduckten „Bremer Häusern", einer – wiewohl englischem Baustil nachempfundenen – eigenständigen Hausform der Einfamilien-Reihenhäuser. Sie haben ein Sockelgeschoss mit Küche, Waschküche und Keller, eine mehrstufige Treppe zum Haupteingang mit Windfang und ein zur Gartenseite ausgebautes Dach. Sie sind eher in die Tiefe gebaut denn in die Breite: Auch das mögen Bewohner als typisch bremisch empfinden. Auf der anderen Weserseite, in der Neustadt, sind die Häuser zwar kleiner, aber ebenfalls schmuck, liebevoll mit Blumenkübeln gepflegt und individuell gestaltet. In dicht bebauten einförmigen Stadtteilen wie Gröpelingen dagegen ist der Anteil Arbeitsloser hoch – in keiner anderen deutschen Kommune gibt es eine höhere Kinderarmut. Der sozialdemokratischen und linken Tradition wird gehuldigt, teils auch der kurzen Phase der Räterepublik. Vielleicht ist es nicht Zufall, dass der in aller Welt bekannteste Mann, der, als Kaufmannslehrling, eine längere Zeit in Bremen gelebt hatte, der Sozialrevolutionär Friedrich Engels war.

Archivalien zum Abwickeln

Bremen hat viele Eigentümlichkeiten. Zu ihnen zählt, dass im Rat der Hansestadt, der seit 1822 die Bezeichnung Senat trägt, stets kollegial entschieden wird. Kein Bürgermeister besaß – eine Ausnahme gab es nur im Nationalsozialismus – Weisungsbefugnis gegenüber seinen Senatoren. Wer nachweisen möchte, dass das schon seit dem Jahr 1225 so war, muss die Bestände des Staatsarchivs sichten. Fast die Hälfte der 8.000 dort bis 1939 verwahrten Urkunden ging nach der kriegsbedingten Auslagerung verloren, darunter fast alle Privilegien der Kaiser und Könige. Die meisten aber kehrten um 1990 zurück aus Potsdam, Moskau und Armenien. Das Linzer Diplom von 1646 kam so 1998 aus Armenien, das Barbarossa-Diplom von 1186 aber bleibt verschollen; Konrad Elmshäuser, Leiter des Staatsarchivs in Bremen, ist überzeugt, dass es diese Urkunde noch gibt. Nicht nur die Frühgeschichte kann das Archiv – das sich seit 150 Jahren mit dem „Bremischen Jahrbuch" an die Öffentlichkeit wendet – erhellen, sondern auch die Nachkriegsgeschichte. Verglichen mit dem ehrwürdigen Alter der Stadtgeschichte seit dem 8. Jahrhundert besitzt das Staatsarchiv relativ wenige mittelalterliche Dokumente. Ein Großteil wurde vom Erzbistum im Dom aufbewahrt, und dessen Bestände gingen später an Staatsarchive in Stockholm, Stade und Hannover. Diese Urkunden aber belegen, dass bremische Kaufleute schon im neunten Jahrhundert in den Handelszentren an Nordsee und Ostsee bis ins Baltikum präsent waren, und dass König Otto I. im Jahr 965 die Kaufleute privilegierte. Elmshäuser nennt das in seiner Geschichte Bremens den identitätsstiftenden Gründungsakt, den Anfang einer bürgerlichen Stadt.

Das Bewahren des Unvergänglichen ist einer Traditionsstadt wie Bremen ein Anliegen. Sichtbar wurde das, als der Senat voller Stolz „den Bürgern" eine der wichtigsten bremischen Urkunden im Rathaussaal zeigte. Ein Vierteljahrtausend lang waren bremische Rechtsakte auf der sieben Meter langen Pergamentrolle, der Kundigen Rolle, nachgetragen und verlesen worden. Sie gilt unter deutschen Rechtsbüchern des Mittelalters als einziger im Original erhaltener rechtlicher Verkündigungstext auf einer Rolle. Die Rückkehr der „Kundigen Rolle von 1489" kostete den Senat fast nichts. Sie verschwand in den Nachkriegswirren und kam aus Kalifornien als Postpaket. Kurz danach fand ein weiteres verschollenes Dokument von Rang seinen Weg zurück ins Archiv. Die Fischeramtsrolle von 1530 dürfte das einzige Beispiel sein einer Zunft, die ihre Statuten als Handschriftenrolle festlegte. Noch immer gibt es dies Fischeramt – Bremen setzt auf Bestand.

Auch ein anderes Dokument von Rang schien zeitweise verschwunden. Als Bremen im Jahr 2008 seinen Hansebeitritt vor 650 Jahren feierte, wurde überall die längliche Pergamenturkunde mit dem Stadtsiegel vom 8. August 1358 abgebildet –

Der Magazin-Turm des Staatsarchivs mit persischen Spuren

das Original lagert in Köln. Sie aber schien, glaubte man anfangs, beim Einsturz des Kölner Archivs beim U-Bahn-Bau im März 2009 zerstört zu sein wie unzählige andere Dokumente zur Hansegeschichte: Köln war neben Lübeck der wichtigste Ort zur Aufbewahrung der Geschichte des Städtebundes, der das Mittelalter im Norden, Westen und mittleren Osten Europas prägte. Die Archivleiter aus Lübeck, Hamburg und Bremen boten Hilfen an bei der Restaurierung – dies sei unersetzliches Kulturgut von europäischem Rang und möglicherweise der größte Verlust von Kulturgut in Deutschland seit dem Zweiten Weltkrieg. Vom Verlust bedroht waren zentrale Schriftgutbestände zur Hansegeschichte. Fünf Monate später aber kam frohe Kunde aus Köln: Die Bremer Hanse-Urkunde war unversehrt geborgen worden. Sie war ebenso wie viele andere Hanseatica in einem Keller gelagert worden, dessen Bestand sicher blieb.

Schon 1418 hatte sich der Rat der Stadt Bremen in einem Streit mit Hamburg an Köln gewandt und – vergeblich – um eine Abschrift der Gründungsurkunde der Hanse gebeten, der „van der fundatacien der Duytzschen hensze". Neben Lübeck zweiter Erinnerungsort der Hanse wurde Köln spätestens 1594, als Akten und Abschriften der Hanserezesse des Kontors in Brügge aus Antwerpen nach Köln gebracht wurden – seither ist der Bestand dort. Konrad Elmshäuser vergleicht: Das Staatsarchiv der Freien Hansestadt Bremen verwahrt 6.000 Urkunden aus dem Mittelalter, Köln, dessen Stadtfarben weiß und rot die Farben der Hanse sind, aber 65.000.

Während Alter und Bestand auf Kontinuität weisen, gilt das für die Bauten, in denen es untergebracht wurde – anfangs im Turm einer Kirche und im Rathaus – nicht. 1968 bezog es am Präsident-Kennedy-Platz einen Bau, der mittlerweile unter Denkmalschutz steht. Wer daran vorbei läuft, sieht das zweistöckige verglaste Verwaltungsgebäude. Der Magazinturm aber verschwindet gleichsam dahinter, wiewohl er mit acht Stockwerken und zwei Kellergeschossen das Herz des Archivs bildet mit Platz für zehn Kilometer Akten – jährlich kommen

hundert Meter dazu. Die Renovierung dieses nahezu fensterlo-
sen Kubus – wegen verwitterter Fassade und Energieverlusten
dringlich – hatte der Hansestadt Sorgen bereitet. Der Turm war
mit persischen rot-orangenen Travertinplatten belegt. Erst eine
aufwendige Suche ergab, dass der vom Landesdenkmalpfleger
geforderte Farbton nur von einem Steinbruch geliefert werden
konnte, in einem Tal unweit von Azarshahr in der iranischen
Provinz Ost-Aserbaidschan. Die neuen Kalkstein-Platten strah-
len nun.

Nicht alle ehrwürdigen Bremer Archivalien erhalten eine ihnen gebührende Zuwendung. Zu diesen zählt das der Universität angeschlossene Pressearchiv, das über Jahrhunderte gesam-
meltes Wissen bewahrt und zugänglich macht. Die Hansestadt
verfügte schon in vordigitaler Zeit mit dem Standortkatalog
der Deutschen Presse über das weltweit größte Forschungsele-
ment dieser Art. Das Institut „Deutsche Presseforschung" aber
scheint durch Sparzwänge und kurzsichtiges Denken gefährdet – es befürchtet, es werde in absehbarer Zeit „abgewickelt".
Andere Sammlungen genießen ebenfalls in der Fachwelt hohen
Ruf, sind aber in ihrer Stadt kaum bekannt – so die zweitgrößte
Sammlung der Welt für Tanzfilmvideos. Mehr als 50 Archive –
auch von Heimatvereinen in Stadtteilen, von Firmen und Kirchen, sind in Bremen zugänglich. Dass Bremer zu leben wissen,
ist an der Hochschule Bremen im Informations- und Doku-
mentationszentrum für Freizeitwissenschaft zu sehen.

Glück und Holzmehl

Suche nach dem rechten Maß

Nicht jede Stadt sucht nach einem eigenen Stadtphilosophen. Bremen aber war immer etwas Besonderes. Leopold Kohr und Bremen, davon scheint die Hansestadt überzeugt, passen zueinander: Schließlich predigte der österreichische Nationalökonom, Größe sei ein Problem, nicht eine Lösung. Auf seinen Satz, alles, was falsch sei, sei zu groß, berufen sich Bremer, die eigenständig bleiben wollen auch als Bundesland, ebenso auf seine Mahnung, Demokratie könne sich nur in kleinen Einheiten entfalten. Für die Salzburg-Tage in Bremen um den Salzburger Kohr herum – 16 Jahre nach seinem Tod – galt das Kleine weniger: Immerhin zwei Monate lang feierte die älteste Stadtrepublik Europas den Träger des Alternativen Nobelpreises mit Ausstellungen, Konzerten, Vorträgen. Das setzte sich fort mit Gegenausstellungen und Katalogen in Salzburg, der Bremer Künstler Achim Locke wurde „artist in residence" im Salzburger Künstlerhaus. Daraus wurde, wie ein Salzburger Wiederentdecker Kohrs schrieb, eine „seismische Kulturbewegung in ganz unterschiedlichen Kunst- und Bewegungsformen".

Kohr und sein Lebensthema passten „wunderbar zu Bremen", befand Altbürgermeister Jens Böhrnsen. Nicht wenige jener, die in Bremen politischen oder geistigen Einfluss haben – die Grünen-Politikerin Karoline Linnert, der Philosoph Dieter Senghaas, der Vorstand der Philosophischen Gesellschaft, der Radiomoderator Theo Schlüter –, stehen hinter dem Versuch, mit Kohr die Lehre vom rechten Maß zu festigen. Besucher stießen allerorten auf den geistigen Vater der Bewegung „Small is Beautiful" – im Rathaus, im Haus der Wissenschaft und der Sparkasse, im Bremer Presse-Club ebenso wie im Konzerthaus „Die Glocke" oder in Weinbars. Schließlich setzte Leopold Kohr auf Vorträge und Debatten in Cafés und Gasthäusern und traf dort Gleichgesinnte von George Orwell über Otto von Habsburg bis Ernest Hemingway. Zumindest der Presse-Club zeigt seine Zugeneigtheit zum angenehm Überschaubaren schon mit seiner Lage. Er liegt im Schnoor, jenem verwinkelten Stadtteilchen, an deren engen Gassen das winzige Hochzeitshaus liegt, das „vielleicht kleinste Hotel der Welt", aber auch gleich vier Kleinbühnen und das Institut für niederdeutsche Sprache.

Bremen fordert eine menschengerechte Stadtplanung, die Verantwortung des Einzelnen und die Stärkung des Lokalen. Vor 75 Jahren warb Leopold Kohr im amerikanischen Exil für ein Europa der Kantone. Vielleicht denken manche Bremer ja auch daran – ihr Stadtphilosoph hatte nicht nur Untertanengeist verachtet, sondern auch Unabhängigkeitsbestrebungen von Wales bis zum karibischen Anguilla beeinflusst.

Glück im Stundenplan

Am Ende seines Lebens sagte Goethe, er sei insgesamt nur 24 Stunden seiner Lebenszeit glücklich gewesen. Das wollen die Bremer nicht auf sich sitzen lassen – immerhin sind nach vergleichenden Studien Norddeutsche glücklicher als jene aus dem Rest der Republik. Und das beruht sicher nicht nur darauf, dass in Bremen mehr Sonnenuhren stehen sollen als irgendwo sonst in Deutschland. Was Glück sei, beschäftigt Philosophen, Gelehrte, Schriftsteller von Aristoteles über Sigmund Freud bis Hermann Hesse seit Jahrtausenden; und die Bremer Glücksforscher auch, wiewohl nicht ganz so lange. Gesundheit, Geld, Sonnenschein, Gemeinsamkeit, Werte – jeder weiß etwas dazu beizutragen. Eine Forscherin der Jacobs University wies darauf, wie man Glück befördern könne – Sport treiben, ausreichend schlafen, außerdem helfe „mal der Blick nach unten und nicht immer nur nach oben".

An diese Vorgaben hält sich die bremische Oberschule an der Schaumburger Straße. Ihr Schwerpunkt ist Sport und Gesundheit. Moderne Bauweise, helle Klassenräume und fortschrittliche Pädagogik seit der Gründung 1931 kommen dazu; zudem offenbar Weisheit. In ihrer Schulgeschichte bringt sie Sätze wie „Alles ist in Bewegung" sowie (Ende der Sechziger) „Manche Lehrer verstehen ihre Schüler nicht mehr".

So war diese Oberschule in der östlichen Vorstadt vorbestimmt für ein Pilotprojekt, das so gut lief, dass das in den Schulalltag Eingang fand: Glück als Schulfach. Achtklässler, also Jugendliche zwischen 14 und 16, hatten erkundet, was zu einem glücklichen Leben gehöre – Vertrauen, Lebensgestaltung, Gesundheit. Angeregt hatten das Eltern, die sich berufen konnten auf mittlerweile hundert Schulen vor allem im Südwesten Deutschlands, die Glück lehren. Langfristig soll nun schon in fünften Klassen gezeigt werden, wie man das Leben in die eigene Hand nehmen könne und sich nicht nur an Casting-Shows oder Jugendbanden orientiert. Wie im Schlaraffenland war der Unterricht nicht – er bedeutet Arbeit und Leistung. Die Schüler mussten Menschen befragen, was Glück sei, Filme drehen, Konzentration üben und Gehörtes in einem Buch aufschreiben – ein eigenes Glücksrezept entwickeln.

Freizeitanlage oder Atomdepot?

Für wohl kein anderes Gebäude gibt es seit seinem Bau vor 70 Jahren so viele Pläne, die nicht umgesetzt wurden. Der Senat wollte auf dem Bunker Erde aufschütten und ihn zu einer Parklandschaft umgestalten, die amerikanische und britische Luftwaffe erprobten dort Beton brechende Bomben. Mal sollte der U-Boot-Bunker „Valentin" in Rekum im Norden Bremens ein Kühlhaus werden oder eine Freizeitanlage, dann ein Atomreaktor oder ein Depot für amerikanische Atomwaffen. Frühe Pläne einer Sprengung scheiterten am damaligen Hafendirektor – er hatte in den Vierzigerjahren die Bauleitung über den Bunker. So wurde die Weserseite zum Bade- und Angelplatz. Später nutzte die Marine den massiven Bunker, um Material zu deponieren. Panzer der Bundeswehr übten nahe dem Gelände. Deshalb verschwand der Bunker lange von Karten und, wegretuschiert, Luftaufnahmen und so auch aus dem öffentlichen Gedächtnis.

Unkritischen Nachkriegsjahren galt der 419 Meter lange, bis zu 97 Meter breite Bau mit sieben Meter dicken Wänden – der größte deutsche, zweitgrößte europäische Bunker – bautechnisch als „Wunder". Erst dank der Bemühungen eines Verwaltungsbeamten wurde die andere Seite bewusst: 1944 arbeiteten auf der Baustelle bis zu 12.000 Zwangsarbeiter, Kriegsgefangene, Häftlinge, Deportierte. Einer der Überlebenden, der Franzose Raymond Portefaix, beschrieb das mit dem Buchtitel „Die Hölle, wie Dante sie nicht vorhersehen konnte". Gesichert scheinen 1.700 Tote beim Bau, möglicherweise starben mehr auf der größten Baustelle der NS-Zeit. In keinem anderen KZ mussten die Insassen selbst in Nachtschicht schuften. Hier in einem der größten Bauwerke der NS-Diktatur sollten in Fließbandarbeit monatlich vierzehn U-Boote gebaut werden, alle zwei Tage ein U-Boot. Der Bau der von Rüstungsminister Albert Speer entworfenen U-Boot-Fabrik aber wurde im März 1945 vor Fertigstellung eingestellt, nachdem die Alliierten den Bunker bombardierten. Zuvor hofften diese offenbar, dass Arbeitskräfte und Material von anderer Kriegsproduktion abgezogen wurden. Noch nicht einmal Bauteile für die U-Boote wurden angeliefert – so blieb der Bunker sinnlos.

Es gab erst spät ein Mahnmal am Eingang zum Ort des Leidens und des Sterbens. Auch Bundeswehrreservisten erkennen das Gewicht dieser Geschichte – für Gruppenaufnahmen stellen sie sich lieber vor das Mahnmal denn vor den Bunker. Ehemalige Häftlinge lasen dort aus ihren Erinnerungen. Das Bremer Theater – von jeher mit seinem politischen und avantgardistischen Schauspiel im „Bremer Stil" ein Experimentierlabor der deutschen Kulturlandschaft – führte sieben Spielzeiten lang das Stück „Die letzten Tage der Menschheit" von Karl Kraus im Bunker auf. Erst das Theater lenkte die Aufmerksamkeit auf das Gebäude. Bremen schuf eine Gedenkstätte, einen „Denkort Bunker Valentin" mit Besucherzentrum. Der baufällige Bunker selber blieb weitgehend gesperrt und soll Ende 2015, Anfang 2016 besser zugänglich werden. Weiterhin ging es einigen eher um Quadratmeter, Planungsrecht und vor allem um die Verteilung der Kosten zwischen Bund und Land als um das Ziel der Gedenkstätte. Für diese sahen Wissenschaftler eine Dauerausstellung vor zu Rüstung, Zwangsarbeit und Verantwortung.

Ob des Bunkers wird ein ähnlich folgeträchtiger und massiver Bau nahebei gern übersehen: das weitaus größte der zehn unterirdischen Treibstoffdepots der Wehrmacht. Es wurde nach dem Krieg von den Amerikanern und dann der Bundeswehr übernommen. Fast der gesamte Treibstoff der amerikanischen Truppen in Deutschland wie auch jener, der die Luftbrücke nach Berlin ermöglichte, kam hierher. Ob die sowjetische Blockade ohne das Depot hätte überwunden werden können, ist keineswegs gesichert. Von der Kapazität her gilt Bremen-Farge als das größte künstlich angelegte unterirdische Tanklager der Welt. Die Bundeswehr verlässt das Sperrgebiet um die Depots herum Ende 2015. Es bleiben aber – wem auch immer zuzuschreiben – Altlasten, deren Gefahren bisher kaum debattiert werden. Örtliche Bürgerinitiativen sprechen von einer der großen deutschen Rüstungsaltlasten und Umweltbelastungen. Eine ein Meter mächtige Blase auf dem Trinkwasser mit mehr als neun Millionen Liter unverbleitem Benzin sei irgendwie durchgesickert und bewege sich 15 Meter tief unterirdisch langsam, langsam hin in Richtung Weser, derweil stündlich nur ein Liter des Treibstoffgemisches über Reinigungsbrunnen abgepumpt wird.

Geschützte Klaben

Auch wenn Bremen nicht den Ruf hat, Mittelpunkt der deutschen Kochkunst zu sein: Spezialitäten gibt es zuhauf von Kohl und Pinkel über Bremer Labskaus bis zum gebratenen Stint. Manches wird zur Winterzeit auf den traditionellen Kaufmannsfesten Besuchern vorgestellt. Nun gibt es etwas Winterliches mit Segen und Siegel der EU. Der Bremer Klaben, ein Traditionsgebäck aus der Zeit der Hanse, wurde nach langjährigen Bemühungen als „geschützte geografische Angabe" besiegelt.

Somit dürfen nur Bäcker aus Bremen „und Umland", wie es dort so schön heißt, den Klabenteig, ein schweres und saftiges Hefegebäck mit Sultaninen, Mandeln, Kardamom und natürlich Rum, herstellen. Bremen zieht damit gleich mit dem Dresdner Christstollen, Aachener Printen, Spreewälder Gurken oder dem Schinken aus Parma.

1996 hatte die Bäckerinnung den Namensschutz für das weihnachtliche gespaltene Rosinengebäck in Brüssel beantragt. Ganz einfach kann das nicht gewesen sein: Eine EU-Verordnung von 2006 sagt, eine Entscheidung über einen solchen Antrag sollte nicht länger als zwölf Monate dauern. Als Schritt in dieser unendlichen Geschichte musste die Bremer Lebensmittelüberwachung sich mit niedersächsischen Überwachern absprechen, wo und wie der Schutz gilt, laut EU auch für die benachbarten Gemeinden im Bremer Speckgürtel. Dort gibt es einige Großbäckereien. Künftig muss jeder Klaben das Schutzsiegel tragen, und die strenge Rezeptur muss gesichert werden. Der Schutz schützt nicht vor Streit: Kaum, nachdem Hessischer Apfelwein nebst Hessischem Handkäse das EU-Siegel im Landtag in Wiesbaden überreicht erhielten, begann die Debatte, ob auch Äpfel oder Milch aus dem Allgäu Zutaten sein dürften. Liebhaber Nürnberger EU-geschützter Bratwürste beklagen, der Marktführer führe sein Fleisch aus Dänemark ein. Wo also kommt das bremische Kardamom her?

Gefährliche „Düne"

Eigentlich könnte die Ecke im Norden Bremens idyllisch sein: Wenige Schritte entfernt liegen der Vegesacker Hafen mit dem Liegeplatz des Dreimasten-Segelschulschiffs „Deutschland", ein Bahnhof, ein Einkaufszentrum, die Weser. Inmitten des Ortsteils Grohn wurde indes 1972 ringförmig eine Hochhaussiedlung gebaut mit 570 Wohnungen auf engstem Raum. Anfangs galt das als soziales Modell. Mittlerweile nennt ein Sozialbericht diese „Grohner Düne" als „Brennpunkt Nummer eins" Bremens, und ein Architekturführer nennt das Hochhaus ein „warnendes Vorzeichen". Örtliche Medien sprechen von einem Klima latenter Gewalt. Immer wieder kommt die Polizei mit einem Großaufgebot auf der Suche nach Rauschgift oder Waffen. Zu Ostern 2015 mussten sie etwa bis zu 30 bewaffnete Angreifer unter Kontrolle halten, die eine andere Großfamilie bedrohten.

Nicht nur Polizei und Sozialarbeiter kümmern sich um den Betonkomplex, nachdem ein Integrationsprojekt „Pro Düne" scheiterte. Die Parteien in der Bremer Bürgerschaft fetzten sich, zu spät, um den Verkauf. Wieder einmal wechselte der Bau den Besitzer, nun ein Investor auf Zypern. Nach dessen Kauf einer anderen Hochhaussiedlung im Ortsteil Tenever verfiel dort noch mehr als zuvor – für die Düne versprach er Modernisierungen. Auch in der Düne aber wurde nun ein weiteres Abgleiten und der Vorrang von Rendite vor Pflege befürchtet. Dabei gab es ungewohnte Fronten: Neben der Linkspartei warf die CDU der städtischen Wohnungsbaugesellschaft Gewoba vor, sie hätte rascher und entschlossener die Siedlung kaufen müssen, also rekommunalisieren, derweil der grüne Bausenator darauf wies, dass die Stadt auf Rechtsvorgaben und Geld zu achten habe.

Überregional fand die Grohner Düne aus einem weiteren Grund Aufmerksamkeit – nach einem Bremer „Tatort", der zeigte, wie ein kurdisch-libanesischer Clan Polizei und Stadtgesellschaft einschüchtere. Manche sprachen vom besten Tatort je. Der Mut von Radio Bremen wurde gerühmt, mal nicht auf politische Korrektheit zu setzen und Tabus zu brechen. Endlich spielten schon zu Beginn „ganz gewöhnliche Streifenpolizisten" eine tragende Rolle. Dies spiegele die Realität mehr, als man glauben mag – überforderte Polizisten und vor allem zu wenige; und kein Respekt mehr vor ihnen und die Machtlosigkeit, dem entgegenzustehen. In Bremen gibt es reale Vorbilder: die unter dem Namen „Miris" geläufige kurdische Volksgruppe der Mhallamiye aus der Türkei und Libanon, die mit 2.600 Menschen in 31 Großfamilien in Bremen lebt. Der Leiter des Landeskriminalamts sagt, jedes zweite Clanmitglied sei polizeibekannt, 50 gelten als Intensiv- oder Schwersttäter – Körperverletzung, Rauschgifthandel, Raub, Bestechung, Nötigung.

In der Düne wohnen viele Angehörige dieser sozial abgeschotteten Großfamilien, die vor zwanzig Jahren als Asylbewerber aus der Südtürkei kamen. Indes wohnen im größten Armenhaus Bremens 1.700 Menschen aus 30 Nationen, fast 90 Prozent der Bewohner sind Zuwanderer. Viele Kurden zogen aus, nachgerückt sind vor allem Roma-Familien. Zumindest dämmt Polizeipräsenz ein gegenseitiges „Hochschaukeln der Migrationsgruppen". Und das Quartiersmanagement bietet Alphabetisierungs- und Deutschkurse an.

Nicht just eine Schrebergarten-Idylle

Am Wendekreis am Ende der Kulmer Straße trennen sich die Welten. Zwischen den Bungalowhäusern und der Bahn steht eine Reihe dreistöckiger Mietshäuser, „Block" im Volksmund. Zu den Einfamilienhäusern werde er selten gerufen, berichtet ein Streifenpolizist, in den Reihenhäusern aber müssten er und seine Kollegen oft eingreifen. Er war dabei, als Sandra K. starb, knapp ein Jahr vor ihrem Sohn Kevin. Dessen Tod führte zu einem Aufschrei weit über Bremen hinaus und wurde zum Symbol für Gewalt an Kindern und Behördenversagen. Die Nachbarschaft bekam nur gelegentlich Streit mit sowie Saufereien und „immer wieder Polizei". Schuld waren Rauschgift, Alkohol und der Hang zur Gewalt. Die Gewalttätigkeit des heroinabhängigen K., so das Gericht, trug zum Tod seines zweieinhalb Jahre alten Sohnes bei.

Rasch wechselten, berichten Nachbarn, die Bewohner – der Ausländeranteil ist höher noch als im übrigen Gröpelingen. Wohnungen stehen leer, in anderen leben zwangseingewiesene Obdachlose, Arbeitslose, Sozialhilfeempfänger – jeder vierte Einwohner bezieht die Grundsicherung. Die Miete liegt noch unter dem ohnehin geringen Mietspiegel in dem Arbeitervorort im Westen Bremens. Gebaut wurden die Mehrfamilienhäuser von der Hansestadt, seitdem ist der Block zweimal verkauft worden. Die Nachbarschaftshilfe funktioniert hier kaum. Kennte man nicht das Schicksal Kevins, wäre der Block einem ziellosen Wanderer nicht besonders aufgefallen. Vor dem Haus stehen Birken, dahinter trennt eine Hecke die Mietshäuser ab von einem Schrebergarten, hinter dem Eisenbahn und Autobahn liegen. Alles wirkt ein wenig verwahrlost – aber immerhin ist hier nicht nur eintöniger Beton.

Ähnlich zwiespältig ist der Eindruck der Schule nahebei: Die Fassade wirkt massiv wie ein Bunker, zum Pausenhof ist die Wand mit Graffiti bemalt – Schmetterlinge, Flamingos und ein Leuchtturm. Aufschriften deuten auf aufgestauten Zorn. Ein Bild zeigt nicht die Traumwelt der Tropen, sondern die Stadtgeschichte: ein Hebekran mit der Aufschrift „AG Weser". Er weist auf das Unternehmen, mit dessen Aufstieg und Verfall Gröpelingen verbunden ist. Den Vorort, der früher keinen guten Ruf hatte, nun aber einen symbolhaft schlechten, gab es schon lange vor der Ansiedlung der AG Weser 1905, die zu einem Zuzug von Werftarbeitern und Zulieferern führte. 1218 war der Ort Gropelinge erstmals genannt worden. Erst unmittelbar vor dem

Werftbau wurde Gröpelingen eingemeindet, der an einer Aus-
fallstraße entlang gezogene Ort zwischen Weser, Hafenausläu-
fern und der Bahn. Mit dem Namen sind stolze Zeiten verbunden. Im größten Schiffsbaubetrieb des Reichs wurden Schiffe
gebaut für die kaiserliche Marine, später Tanker und Großschif-
fe. Die Krise am Tankermarkt und Überkapazitäten im Schiffsbau brachten der Werft und damit der Nachbarschaft 1983 das
Aus. Dabei konnte der Ort, der beständig als „Arbeitervorort"
galt und gilt, auch Prachtvillen und großzügige Parks vorwei-
sen – Bremer Kaufleute hatten sich hier Sommersitze gebaut
und Ausflugslokale. Villen und Bauernhöfe aber verschwanden
rasch mit dem Bau der Arbeitersiedlungen.

Jetzt, so beschreibt die Kinder- und Jugendhilfe Gröpelingen, sei das Umfeld geprägt von Armut, Arbeitslosigkeit, Ag-
gression und wachsender Kriminalität insbesondere unter Jugendlichen. Auseinandersetzungen gab es in Gröpelingen schon
früher – zu Beginn der Dreißiger zwischen Nationalsozialisten
und Arbeitern in dem Ort, der Hochburg von SPD und KPD
war. Der Spitzname „Klein-Moskau" aus den Weimarer Jahren
wurde in den Sechzigern ersetzt durch „Klein-Istanbul": Dort
entstand von 1961 an ein geschlossenes türkischsprachiges Mi-
lieu. Eine Moschee, ein Kuppelbau, zieht Muslime aus ganz
Bremen an. Selbst die katholische Kirche, sonst in Bremen eher
Diaspora, belegt das Multikulturelle: Dort stehen in einer Kirche gleich zwei Madonnen, eine als Zeichen, dass Portugiesen
Gastrecht haben. Bremen bemüht sich, dem Ruf des sozialen
Brennpunktes entgegenzuwirken mit Förderprogrammen des
Bundes, des Landes und der EU. Eine Bezirksbibliothek entstand, ein Kulturzentrum, ein Atelierhaus für Konzeptkünst-
ler. Gehwege wurden neu gepflastert, umgeben von Brunnen
und einer Schachspielfläche. Auch die Vorsorge für Gesundheit
und soziale Sorgen fand in Gröpelingen Heimstatt mit dem
Akademischen Lehrkrankenhaus sowie Stätten der Kinder- und
Jugendhilfe wie einer Jugendfarm.

Das Viertel

Das „Viertel" ist nicht ein Vorort, sondern eine Lebensart. Lehrer wohnen hier, Journalisten, Studenten, Künstler, Anwälte, vor allem aber: Unangepasste, Widerständige und Freigeister. Die Östliche Vorstadt mit dem Ostertorviertel und dem Steintorviertel hat reizvolle Nebenstraßen, in denen vieles erhalten blieb – selbst eine Großgarage im gleichen Stil wie vor hundert Jahren. Wo vor tausend Jahren der Erzbischof einen Weinberg angelegt haben soll, ist nun eine nach dem Kloster benannte Eckkneipe. Im Paulskloster tranken und plauderten, damals noch nicht legendäre, Schauspieler und Regisseure von Evelyn Hamann bis zu Johann Kresnik, das Theater am Goethe-Platz war direkt um die Ecke. An der Sielwall-Kreuzung treffen sich Junkies und Rauschgifthändler. In der Weinbar Paradiso am anderen Ende trinken und sprechen Künstler und Lebenskünstler, aber auch Altsenatoren. Viele Studenten der Kunsthochschule durften hier zum ersten Mal ausstellen. Hier schmieden der Gastronom und seine Gäste neue limitierte Künstlerbücher – der eine trägt handgeschriebene Kochrezepte bei, der andere Lithografien, derweil der Alt-Inhaber im schallgedämmten Keller mit seiner Band übt.

Das ist weitsichtig: Denn das Viertel ist so beliebt, dass nun neu Hinzugezogene sich beschweren, es sei auf der Straße zu laut. Manches ist nun chic und gediegen – die Zeiten des „Freistaats Ostertor" sind vergangen. Selbst die CDU bedauert, dass sich die Streitkultur im Viertel geändert habe – einige verärgerte Anwohner gingen vor Gericht statt das Gespräch zu suchen. Die Diskothek Lila Eule, in der sich einst Rudi Dutschke wohlfühlte, lässt seine Gäste wissen: „Es ist nicht die Frühjahrsmüdigkeit, die unsere Nachbarin so früh einschlafen lässt. Wir wissen noch nicht genau was es ist, versuchen es aber herauszubekommen." Dennoch, so der Anbieter von Studentennächten, müssten nun einige Konzerte um 22 statt 23 Uhr enden.

Bewohner gründeten eine „Initiative Kulturschutzgebiet". Überall im Viertel vom Bermuda Dreieck über den Ziegenmarkt bis ins Ostertor zeigen Bars, Programmkinos, Läden, was die Spielstätten für die Lebensqualität und die Vielfalt des Quartiers bedeuten. Mit einem Festival und Debatten zeigen Betriebe und Kulturanbieter, wie und warum im letzten Halbjahrhundert das Viertel zum kulturellen Mittelpunkt nicht nur der Jungen in der Stadt wurde – hier sind Kolonialwarenläden mit Kultstatus, Ökobäckereien, Antiquariate. Hier hat der größte Sambakarneval Deutschlands seine Heimat. In den Sechzigern verhinderten Bürgerproteste Pläne einer massiven Hochstraße zwischen Weserbrücke und Bahnhofsviertel. In den späten Siebzigern verhinderten Hausbesetzer den Abriss eines Jugendstil-Schmuckstücks, des Wiener Hofs. Nun kämpfen die Bürger der Szene erneut.

Preußen in der Stadtrepublik

Bremen und der Wümmehof im Stadtteil Borgfeld stehen für manche Geschichtsbewusste gleichsam in einer geraden Linie von Sanssouci bis zum Haus Doorn: In Bremen saß bis vor gut einem Jahrzehnt – seitdem in Berlin – die Generalverwaltung des Hauses Hohenzollern. Auf dem Wümmehof lebte der Chef der Familie. Wer den Lebenslauf von Louis Ferdinand Prinz von Preußen anschaut, mag staunen: geboren 1907 im Marmorpalais in Potsdam; vermählt 1938 im Schloss Cäcilienhof und im Haus Doorn, wo sein Großvater, Kaiser Wilhelm II., nach seiner Abdankung lebte; beigesetzt in der Burg Hohenzollern. Die Hälfte seines Lebens, zwischen 1950 und 1994, aber wohnten Prinz Louis Ferdinand und seine Frau, eine Großfürstin von Russland, auf dem Anwesen am Stadtrand Bremens, wo er auch starb. Und das, obwohl der Bremer Friedensnobelpreisträger Ludwig Quidde sich öffentlichkeitswirksam mit seiner Satire „Caligula" über den Kaiser mokierte. Gleichsam im Gegenzug lud Radio Bremen zum 150. Geburtstag Wilhelms II. zu einer groß angelegten Podiumsdiskussion über dessen Lebensbilanz. Der Wümmehof ist ein Ort mit Geschichte, auch für traditionsbewusste Republikaner. Bremer schätzen, dass der Hof eine „ansehnliche Facette hansestädtischer Historie" aufweist.

Wen die Bande zwischen Preußen und Bremen erstaunt, bedenkt wohl nicht, dass Kaiser Wilhelm II. oft und gerne in Bremen war. In Bremerhaven hielt er 1900 zur Verabschiedung des Ostasiatischen Expeditionskorps seine „Hunnenrede" zur Niederschlagung des Boxeraufstands im Kaiserreich China mit dem Satz „Pardon wird nicht gegeben! Gefangene werden nicht gemacht". Niemals wieder solle ein Chinese wagen, „einen Deutschen auch nur scheel anzusehen". Zarter waren die Bande der Prinzessin Feodora zur Region – ihre älteste Schwester war Mutter Wilhelms II. Sie besuchte die Künstler Fritz Mackensen, Heinrich Vogeler, Paula Modersohn-Becker in Worpswede und ist nun in Bremen verewigt. Die Chocoladenfabrik Hachez stellt Pralinen und Schokoladen unter dem Namen Feodora her und mit ihrem Namenszug.

Der gebürtige Bremer Prinz Georg Friedrich von Preußen, seit seinem dreißigsten Geburtstag 2006 Chef des Hauses, der damit die Besitzungen der Familie betreut, hat den Familiensitz am Rande eines der letzten großen periodisch überfluteten Feuchtwiesen-Gebiete Deutschlands veräußert. Der Borgfelder Bürgerverein, der das Verkaufsschild eines Maklers entdeckte, setzte sich für den Erhalt ein. Er wollte vermeiden, dass Käufer die beiden alten Wohnhäuser und den Baumbestand mit Neubauten ersetzen und „altehrwürdige" Ortsgeschichte zerstören – auch aus Verbundenheit mit der Preußen-Familie, die sich in die ländliche Gemeinschaft eingebunden habe. Verbündete fand der Bürgerverein beim Landesamt für Denkmalpflege, dessen Leiter den Wümmehof unter Denkmalschutz stellen wollte. In Abstimmung mit dem Denkmalschutz machten die neuen Eigner aus dem Wümmehof das „Wümmedorf", bauen um das Haupthaus herum weitere kleinere Häuser. Bremen und die Preußen: Das bleibt aber eine ungewöhnliche Verbindung.

Nur noch in Bildern träumen

Bremer oder Wahl-Bremer nennen sich neben Ludwig Quidde und Prinz Louis Ferdinand von Preußen noch so manch weitere, die später daheim oder in der Welt ihren Weg machten. Drei der berühmtesten Verleger kamen daher – Joachim Göschen, Anton Kippenberg und Ernst Rowohlt. Der Autobauer Carl Borgward ist der Weserstadt ebenso verbunden wie der frühere Außenminister Hans-Dietrich Genscher, der dort in die FDP eintrat und für die Bürgerschaft kandidierte. Der frühere Bundespräsident Karl Carstens ist gebürtiger Bremer wie auch der Architekt Hans Scharoun – und der Fernsehmoderator Hans-Joachim Kulenkampff. Robinson Crusoe schreibt in „seinem" Reisebericht, sein Vater stamme aus Bremen. Zu einem der mit 17 Platin- und 207 Goldenen Schallplatten erfolgreichsten Bandleader der Welt wurde der 2015 verstorbene James Last (Hans Last) – die Hochschule Bremen nannte ihn den „in aller Welt zweifelsfrei bekanntesten Bremer" –, der sich stets als „Bremer Jung" bekannte. Sie alle wussten mit dem Wort umzugehen – aber keiner in der gleichen Weise wie Gregg Cox.

Als Kind träumte Cox in mehreren Sprachen – als der erste Artikel über ihn in seiner Schulzeitschrift erschien, hatte er just die achtzehnte erlernt. Sprachen lernen ist für ihn wie eine Droge. Nun aber träumt er nur noch in Bildern. Er spricht 64 Sprachen und versteht 40 weitere sehr gut, so zumindest der Eintrag im Guinnessbuch der Rekorde, das ihn als „den größten lebenden Linguisten" bezeichnet. An seinem Lebenswerk hat der Amerikaner – geboren in Oregon, aufgewachsen in Kalifornien – mehr als zwanzig Jahre gearbeitet. Er hat es der Universitätsbibliothek Bremen geschenkt: das größte Lexikon der Welt, das gedruckt 46.000 Seiten umfasste. Cox übergab das multilinguale Wörterbuch als CD-Rom – daheim hat er es in 25 Bänden. Fünf Millionen Einträge erlauben es, 225 Sprachen zu vergleichen und jeweilige Übersetzungen von gut 50.000 Begriffen gegenüberzustellen, samt Lautschrift. Eine Internetsuche nach multilingualen Wörterbüchern zeigte als das Wörterbuch mit den bisher meisten Sprachen eines der Organisation für wirtschaftliche Zusammenarbeit und Entwicklung, das Fische und Fischprodukte in achtzehn Sprachen nebeneinanderstellte.

Cox begann 1971 als Achtjähriger, Sprachen zu lernen – Spanisch als Zweitsprache Kaliforniens. In seiner Schule aber waren Schüler aus vielen Ländern, und so hatte er seine zehnte Sprache erlernt, als er zwölf war. Die amerikanische Armee nutzte ihn als Dolmetscher und Verhandlungspartner. Heute ist er gut 50 Jahre alt und strebt nach seinem nächsten Weltrekord als der Mann, der die meisten Bücher schrieb. Bisher sind es mehr als 400 – neben Wörterbüchern und linguistischen Studien auch gut zwanzig Romane sowie Drehbücher. An seinen Hobbys hat Gregg Cox, der gerne und viel lacht, Spaß.

In Deutschland lebt er seit 1996. Auch in seiner Arbeit hilft ihm seine Sprachfertigkeit. Als Geschäftsführer einer Dentalfirma in Bremen vertreibt er deren Produkte an Zahnlabore in aller Welt. Dabei dürfte ihm seine Kenntnis von Indianersprachen und von Dialekten der australischen Ureinwohner wenig helfen. Bei 64 Sprachen bestand er offizielle Prüfungen, bei 16 weiteren inoffizielle. Wer dabei nicht ständig in Übung bleibe, verliere die Kenntnis rasch – das sei, sagt er, wie ein kalter Motor; am zweiten Tag gehe es dann schon besser. Die Wörterbücher, die er neben der CD-Rom der Universität schenkte, hatte er in Antiquariaten auf Reisen rund um die Welt erworben, darunter mehr als hundert Jahre alte Bücher über Indianersprachen. Die Sprache, die er am meisten liebt, Shinook, wird in seiner alten Heimat im Nordwesten Amerikas gesprochen – nur noch etwa 80 Leute beherrschen sie. Das empfindet er als leicht, mit nur 2.000 Worten. Als schwer nennt Cox Russisch, aber auch Deutsch sei nicht gerade einfach. Und ungewöhnlich ist eine Sprache in Mexiko: Sie wird nur gepfiffen.

Wörterbücher über „exotische" Sprachen sind denn auch hilfreich für das Institut für Allgemeine und Angewandte Sprachwissenschaft, das die Sammlung von mehreren Tausend Wörterbüchern aufbewahrt und Forschern zur Verfügung stellt, die Gregg Cox der Hochschule schenkte. Damit hat man wieder daheim in Ritterhude etwas mehr Platz für die Familie: Seine Tochter wuchs „ganz normal" auf, nur zweisprachig. Im Institut arbeiten Forscher, die Indianersprachen beherrschen. Der Leiter des Instituts spricht „nur" etwa zehn Sprachen, 20 bis 25 aber kann er gut lesen.

Welche Schreibweise wählt man, wenn man 225 Sprachen von Wolof und Urdu über Yoruba, Aramäisch und Jiddisch bis zu Yakut und Winnebago vergleicht mit vielen Alphabeten? Cox nutzt seine Muttersprache, das Englische, das immerhin eine halbe Milliarde Menschen sprechen. So stellt er 225 oder mehr Worte nebeneinander für Strand oder Amnestie. Er stellt fest, dass fast alle Sprachen einen eigenen Begriff für Kannibale haben, das balinesisch braucht für die Umschreibung gleich fünf Worte.

Er registriert nicht nur und schreibt viele Bücher, sondern entwickelte auch ein Schriftbild für das südindische Coorgi, das es nicht gab. Sein „Coorgi-Cox-Alphabet" hat 34 Buchstaben und einen Doppelvokal dazu, wie die indische Zeitung „The Hindu" berichtet. Mehrere Schulen in Südindien unterrichten nun mit der von ihm entwickelten Schriftsprache. Seine Zähigkeit zeigte sich vor allem bei seinem Wörterbuch. Als er es begann, gab es Computer noch nicht, und er schrieb Worte mit der Hand. Mit dem ersten Computer kam die Speicherung erst auf Floppy Disk und später auf Festplatten. Erst diese und die CD-Rom ermöglichen den Vergleich, der nun Linguisten den Zugriff erlaubt auf das umfangreichste Wörterbuch der Welt, das bisher nur die Universität Bremen besitzt.

Bruderhilfe

Bremer erhielten nach 1945 nicht nur Care-Pakete und Hilfen aus Nordamerika. Sie halfen und helfen auch anderen. Das galt in starkem Maße für die „Schwestern und Brüder" in der Ostzone. 1951 gründeten Bremer die Deutsche Bruderhilfe, die als deutsch-deutsche Hilfsorganisation über Jahrzehnte Lebensmittel versandte und Gelder sammelte. Schon in den ersten beiden Monaten wurden nach Plakataktionen 20.000 Pakete versandt. Beliebt in unzähligen Päckchen – 1,6 Millionen bis 1991 – waren das Kokosfett Palmin sowie Pralinen. In den Sechzigern wechselte der Inhalt, nun waren es Aktentaschen oder Uhren. Der Verein fand in anderen deutschen Städten Anerkennung und Nachahmer. Bürgermeister Wilhelm Kaisen hatte dazu aufgerufen, „alles Trennende zu beseitigen und bestehende Not zu lindern" in einer Zeit, da es auch im Westen mehr als genug Not gab. Dabei durften nur Private die Päckchen versenden, nicht Organisationen – jedes musste unterschiedlich aussehen, weil die DDR Saboteure vermutete. Kaisen war ein profilierter Deutschlandpolitiker, der 1946 deutsche Landeschefs zweimal nach Bremen zu Interzonenkonferenzen lud. Damit wollte er einen deutschen Gesamtstaat anpeilen und einen Deutschen Länderrat vorbereiten.

Ihren Sitz hatte die Deutsche Bruderhilfe am Markt im Deutschen Haus. Dort prangt weiterhin eine Inschrift „Gedenke der Brüder, die das Schicksal unserer Trennung tragen!". Für diese Formulierung trug Kaisen 1955 Sorge – unmittelbar vor der Genfer Konferenz der alliierten Siegermächte. Der Landesdenkmalpfleger erlaubte, die großflächigen Metalllettern ein Jahr lang abzumontieren: Der Schriftzug wurde an das Haus der Geschichte in Bonn verliehen. Abgebaut aber wird er nicht trotz mancher Mahnungen politisch Korrekter, die sich an den fehlenden Schwestern stören. Und das, obwohl anfangs das Bauaufsichtsamt es mit Hinweis auf das „Verunstaltungsgesetz"

Wilhelm Kaisens Mahnung vor der Kirche Unser Lieben Frauen

entfernt sehen wollte. Die Inschrift ist im Grundbuch eingetragen und so Bestandteil des denkmalgeschützten Ensembles, in dem der Industrieclub ebenso seinen Sitz hat wie der Chocoladenhersteller Hachez seinen Verkaufsraum. In den Jahren des Wiederaufbaus war das Deutsche Haus Anlaufstelle für Flüchtlinge, die im Klinkerhaus direkt gegenüber den Bremer Stadtmusikanten ihr Begrüßungsgeld erhielten.

Ihren Einsatz für die deutsche nun innere Vereinigung beenden die Bremer nicht. Zwanzig Jahre nach der Vereinigung benannten sie den Platz vor dem Übersemuseum und dem Hauptbahnhof um zum „Platz der Deutschen Einheit" – dieser etwas triste und unvollendete Platz solle, so Bürgermeisterin Karoline Linnert, das Zusammenwachsen von Ost und West vollenden lassen. Dort steht nun ein massives Stück der Berliner Mauer, neu gestaltet vom Berliner Künstler Ben Wagin mit der Aufschrift „Todes Mauer Krieg".

Ein Euro fürs Universum

Das Universum kostet einen Euro. So viel legte das Land Bremen aus für die Übernahme der Betreibergesellschaft des Wissenschafts- und Erlebniszentrums, das jährlich 200.000 Besucher anzieht. Ohne die Übernahme hätte es schließen müssen. Die Wirtschaftsdeputation der Bürgerschaft stimmte dem Kauf einstimmig zu – eine ungewöhnliche Allparteienkoalition für eine Verstaatlichung. Für den Betrieb wird das überschuldete Bundesland jährlich 500.000 Euro ausgeben müssen; die ohnehin hohen Eintrittsgebühren sind wohl schon an der Oberschwelle. Die Grünen nannten das „Universum" das Gesicht des modernen Bremen, die Linkspartei hält es für unersetzlich. Die CDU lobte, die markante Wal-Architektur – außen verzinkter Edelstahl, innen sibirische Lärche – trage zur Identitätsbildung bei.

Kaum eine andere Einrichtung der Hansestadt kommt auf so viele zahlende Besucher – seit dem Bau vor dreizehn Jahren nahezu fünf Millionen, obwohl sie am Stadtrand liegt. Das Konzept des Betreibers (das Gebäude gehört schon dem Staat) ging aber nicht auf. So wurde das Universum umfassend umgebaut, weitgehend aus EU-Mitteln getragen. Hier können Besucher aller Generationen entdecken und staunen. Viele der 250 Exponate sind aufs Mitmachen angelegt – das Entstehen von Wellen, von Sandgerippe, von Luftblasen. Mutige können die Erschütterungen des Erdbebens von San Francisco real samt Geräuschen miterleben, sanftmütige Eiskristalle beim Wachsen beobachten oder den gefilmten Meeresboden in 4.000 Meter Tiefe bestaunen.

Das Universum stehe, sagt der Bürgermeister, für die Wende Bremens zum zukunftsorientierten Wissenschaftsstandort. In der Tat stehen direkt neben dem „Science Center" die Universität sowie Labore von Hochtechnologieunternehmen. Im Universum können Kinder und Jugendliche spüren, wie spannend Natur, Technik und Forschung sein können, gerankt um die Oberthemen Mensch, Erde, Kosmos. Hochschullehrer entwarfen das Mitmachmodell, mit allen Sinnen Wissenschaft zu erleben. Der für Bremen seltenen Einmütigkeit gingen heftige Debatten und ein Papier aus dem Finanzressort mit einem Nachdenken über eine Insolvenz voraus. Dann aber befanden alle Parteien, dieser Zuschauermagnet müsse gehalten werden.

Tanzgedächtnis

Das Deutsche Tanzfilm-Institut Bremen ist das nationale Tanzgedächtnis – über Fernsehausstrahlungen seiner Bestände und über Goethe-Institute zudem Botschafter der deutschen Tanzszene von Pina Bausch bis William Forsythe in der Welt. Nach der Dance Collection der New York Public Library verfügt die Sammlung am Wall mit 35.000 Videobändern und zahllosen Datensätzen über das umfangreichste Archiv von Filmen über Aufführungen in der Welt, gespeist aus unzähligen eigenen Mitschnitten und Nachlässen Tanzschaffender wie jener von John Cranko aus Stuttgart oder anderer stilprägender Choreografen oder Tanzhäuser. In Europa kommt allenfalls die Cinémathèque de la Danse in Paris dem an Bedeutung gleich. So leiteten die Bremer auch ein EU-Projekt unter Schirmherrschaft der Unesco, das mit sieben anderen europäischen Archiven europäisches audiovisuelles Tanzerbe sammelte.

Dass das in Bremen wuchs, war nicht Zufall – in Bremen fand nicht nur das Theater, sondern auch der Tanz eine überregional beachtete Heimstätte. Wie im Sprechtheater diente die Bremer Bühne auch Choreografen oft als eine Art Durchlauferhitzer, bis sie anderswo dann „ganz groß" wurden.

Das Bundesfilmarchiv stufte das als „nationales Kulturerbe" ein, was einige Tanzfilm-Begeisterte – gemessen an ihrer Bezahlung – nahezu ehrenamtlich vorantrieben. Damals hatte die Insolvenz gedroht. Erst ein Aufschrei vieler nationaler Kunstinstitutionen rettete es – dies sei, hieß es, eine für Tanzforschung wie

Das nationale Tanzgedächtnis in der bremischen Innenstadt

auch Tanzpraxis unersetzbare Quelle filmisch aufgearbeiteter Tanzgeschichte; es gebe kein zweites Institut in Deutschland, das ein derart hoch qualifiziertes künstlerisches und recherchierendes Auge auf die Bewegungskunst halte. Videofilme wurden anfangs in einem stillgelegten Fahrstuhlschacht der Universität verwahrt und die Mitarbeiter teilten sich zwei ausgeliehene Büros mit wenigen Quadratmetern. Sie konnten 2005 in das zentral gelegene ehemalige Polizeipräsidium umziehen, wo das Tanzfilminstitut 2015 nochmals erweitert wurde.

Auch wenn Kulturgewaltige wie die Kulturstiftung des Bundes (anfangs zögerlich) oder Klaus Staeck als Präsident der Berliner Akademie der Künste auf die nationale und internationale Bedeutung der Bremer Sammlung hinwiesen, dauerte es eine Weile, bis das auch der Bremer Kultursenat zu schätzen lernte. Nicht unerheblich dabei: der damalige filmaffine Kulturstaatsminister Bernd Neumann, ein Bremer, der das Archiv schon vor dessen Umzug besuchte. So kam es zwanzig Jahre nach der Gründung im Jahr 1988 zu Ansätzen einer dauerhaften

Sicherung. Die Staatsrätin der Bremer Kulturbehörde sprach nun von „seiner nationalen Strahlkraft", die „ein für die Bremer Kulturlandschaft immens wichtiger Baustein" sei.

Die Gründerin Heide-Marie Härtel, früher Tänzerin am Bremer Ensemble unter Johann Kresnik, war unverdrossen wie leidenschaftlich. Sie öffnete das Archiv mit dem Kernbestand europäischen Tanztheaters für Besucher, vertiefte die Zusammenarbeit mit Künstlern, stellte Produktionshandbücher für Tanzcompagnien und Web-Pilotprojekte her. Zusammen mit vier anderen Stätten zur Dokumentation von Tanz, Bewegungserbe und Choreografie – dem Archiv der Akademie der Künste Berlin, dem Mime Centrum Berlin, dem Deutschen Tanzarchiv Köln und dem Tanzarchiv Leipzig – bildeten die Bremer den Verbund Deutscher Tanzarchive als nationales Informationszentrum. Herausragende Sammlungsteile sollten restauriert und digitalisiert, private Archive erschlossen und Urheberrechte bei öffentlicher Nutzung geklärt werden auf dem Weg zu einem gemeinsamen Internetportal.

Die Digitalisierung sichert ansonsten dem Untergang geweihte Aufzeichnungen, da es mehr als zehn verschiedene Videonormen gibt, die Bremen alle „lesbar" machen und sichern kann – für die Tanzgeschichtsschreibung, die Repertoirepflege im Ballettsaal oder auch für das öffentlich-rechtliche Fernsehen. An Vorhaben fehlt es nicht. Derzeit wollen viele deutsche Stadt- und Staatstheater ihre Bestände in Bremen digitalisieren lassen – in den Theatern vermutet man weitere 40.000 Videos, die dort meist ungeschützt lagern.

Als einziges Tanzfilmarchiv der Welt sammeln die Bremer nicht nur, sondern produzieren auch fernsehgerecht. Wie vielfältig das ist, zeigen die vom Institut für 3sat und die Goethe-Institute gedrehten „Tele-Tanzjournale": In je 90 Minuten ging es um stilistische Entwicklungen und Tendenzen der letzten Spielzeiten an 30 deutschen Tanzbühnen und der Freien Szene; den Einfluss britischer und russischer Choreografen-Schulen auf den zeitgenössischen klassischen Tanz in Deutschland; Tanz für behinderte Menschen; ein Porträt der Tanzstadt Berlin; oder um Auswirkungen von Medien und Computern im Tanz. Das Deutsche Tanzfilm-Institut Bremen bereitet mit Unterstützung des Tanzfonds Erbe, finanziert von der Kulturstiftung des Bundes, Filmporträts vor von vorerst sechs Großen des Tanzes – unter ihnen Johann Kresnik, Susanne Linke (die beide in Bremen wirkten) und John Neumeier. Prägende Akteure der Tanzlandschaft im Nachkriegsdeutschland bis heute werden befragt nach historischen Marksteinen deutscher Tanzentwicklung und ihrer eigene Rolle darin.

Isobare im Nordwesten

Wer keine Probleme mehr hat, spricht über das Wetter. Das deutet darauf, dass es Bremern gut geht: Nahezu 1.500 Anhänger hatte eine Facebook-Initiative, die Bremen auf die Wetterkarte im Fernsehen gesetzt sehen wollte. Pascal gibt zu bedenken, dass Bremen selbst auf seiner in Australien erworbenen Weltkarte stehe, Sven aber wendet ein, dass dann auch die Saarbrücker schreien würden.

Die für die Wetterkarte der ARD seit gut 50 Jahren zuständige Redaktion des Hessischen Rundfunks weist auf die Übersichtlichkeit: Bremen liege zu nahe am größeren Hamburg, und Temperaturen seien wichtiger als Städtenamen. Warum Bremen vor einem Vierteljahrhundert gelöscht wurde, wissen auch die Hessen nicht zu sagen. Auch die ZDF-Wetterredaktion möchte dem Bremer Drängeln nicht nachgeben, sich inmitten von Warmfronten, Okklusionen, Isobaren und Troglinien zu sehen. Da schlug ein hannoverscher Privatsender vor, als Kompromiss statt Bremen das ostfriesische Krummhörn zu vermerken – dort sei noch Platz auf der Karte.

Kontroversen um animierte Wetterkarten im Fernsehen gibt es seit der Einführung vor 60 Jahren, anfangs mit schulmeisterlicher Strenge – etwa, als Nebelfelder und Regenwolken das putzige Wetter-Puppenspiel ersetzten. Das sei langweilig und unromantisch, so die Programmzeitschriften. Eine Zeitung kritisierte ein Wirrwarr von Linien und Kurven untermalt von elektronischer Musik. Grafiker aber versuchten nur, die Textvorgaben der Offenbacher Zentrale des Deutschen Wetterdienstes flüssig und verständlich umzusetzen. Vertriebenenverbände bemängelten, dass „ostdeutsche Städte wie Königsberg und Breslau" nicht verzeichnet seien. So fügte man fünf Sekunden lang die deutschen Grenzen von 1937 ein, was wiederum Polen erboste. Selbst die Einführung von Satellitenbildern für die Großwetterlage in den Siebzigern stieß auf Unbehagen. So wissen die Bremer Facebook-Freunde sich historisch gut eingebettet.

Über See

Dass Bremen als Hafen- und Hansestadt sich nach Übersee ausrichtet, ist selbstverständlich. Weniger selbstverständlich, dass gleich zwei Orte von Rang Übersee in ihrem Namen führen – das Überseemuseum und die Überseestadt. Das Überseemuseum direkt neben dem Hauptbahnhof hat überregional beachtete Sammlungen. Eine ihrer Besonderheiten ermöglicht nicht nur die Breite, sondern auch das Fächerübergreifende ihrer Ausstellungen: Sie reichen von der klassischen Völkerkunde über Naturkunde bis zur, Bremen gemäß, Handelskunde. Ihr Anspruch ist nicht bescheiden: die Erde als einheitliches Ganzes zeigen, und gegenseitige Abhängigkeiten von Natur und Mensch. So widmet sie sich mal dem Paradies oder dem Bösen und dann dem Indianerhäuptling Sitting Bull oder Mao. Das waren nur scheinbar exotische und sinnliche Themen – die Bandbreite beim Paradies reichte vom Einkaufsparadies über Haremsphantasien und die klassenlose Gesellschaft bis zu Gartenparadiesen – Ethnologen, Handelsfachleute, Stammzellforscher und Gartenarchitekten brachten sich ein. Mao wurde als revolutionärer Heilsbringer und Machtpolitiker gezeigt. Der Bogen reichte vom Prunk und Zusammenbruch des Kaiserreichs über die Schrecken der Kulturrevolution bis zum bleibenden Einfluss, auch als Pop- und Modeikone.

Ein Ausstellungsstück war nur vier Tage lang zu sehen: Ernie La Pointe nahm die Hosen seines Urgroßvaters Sitting Bull nach seinem Kurzbesuch in der Hansestadt wieder mit. Davor hatte er als letzter lebender männlicher Urenkel des legendären Lakota-Sioux-Häuptlings jahrelang um die Hose und um eine Haarlocke streiten müssen, die in einem Museumsarchiv in Washington lagerten. Die Haarlocke wurde der Tradition gemäß rituell verbrannt, die Hose erst zum zweiten Mal ausgestellt. Sitting Bull war vielen indianerbegeisterten Jugendlichen Mythos und Held, vergleichbar allenfalls dem fiktiven Winnetou. Aber nicht nur den Jungen: gleich zwei Bremer Bausenatoren, einer der Grünen und einer der CDU, gestanden einem Radiomoderator, der gemeuchelte naturnahe Einzelgänger Sitting Bull sei ihr Vorbild.

Dafür erhielt das Museum eine andere Häuptlingsrobe zum Geschenk. Dort waren um die 800 Gäste gekommen zur Eröffnung einer Abteilung zu Afrika. Einen solchen Andrang der Bürger zu Veranstaltungen erlebe sie im Süden Deutschlands so gut wie nie, sagte eine bayerische Museumsdirektorin neidvoll. Das Überseemuseum, ein Aushängeschild der Stadt, wurde über zehn Jahre hinweg Stück für Stück umgebaut und saniert, großteils mit Mitteln der Bürgergesellschaft. Zwei Jahre dauerte es, bis Afrika neu dargestellt wurde – nicht nur mit Plastiken und Dioramen, vieles vom Feinsten, sondern auch mit zeitgenössischer afrikanischer Kunst und mit Bildern vom täglichen Leben. Hier geht es nicht nur um Safari-Idylle im Abendlicht, sondern um die Ausbeutung von Rohstoffen und Flucht ins gelobte Europa, um Mode, Musik und Frisuren. Also um ein vielschichtiges Bild des Kontinents, mit dem Bremen als Handelsstadt eng verbunden ist. Dabei übergab ein seit einem Vierteljahrhundert in Bremen lebender Afrikaner dem Museum die Häuptlingsrobe seines Vaters mit dem Satz „Bremen ist meine Heimat".

Holzmehl und Stadtplaner

In der Überseestadt kann man 120 Jahre Hafengeschichte erleben. Und das nicht nur im Hafenmuseum Speicher XI mit so schönen Abteilungsnamen wie „Seefahrt und Sehnsucht" – die Nostalgie weicht beim Rundgang der Ernüchterung. Schon das Gebäude, in dem das Museum steht, ist Geschichte. Mit seinen 406 Metern ist der Speicher XI nach dem Bunker Valentin das längste Gebäude der Stadt. Es beherbergt neben dem Hafenmuseum und einem Infocenter über das Ausbauprojekt Überseestadt einen Teil der Hochschule für Künste und ein Veranstaltungszentrum. Nach dem Mietvertrag mit der Hochschule wagte der erste private Investor im Hafenareal, Klaus Hübotter, den Umbau des gigantischen Speichers, der Kernzelle war für alles Übrige. Dabei war Hübotter nicht eine Karriere als Bauunternehmer vorbestimmt – in den Fünfzigern saß er als „Rädelsführer" der KPD in Haft.

Die Überseestadt ist eines der großen Stadtentwicklungsprojekte in Europa – dreimal so groß wie die Altstadt. Bisher haben die öffentliche und private Hand 800 Millionen Euro investiert. Ein Hafenbecken wurde aufgeschüttet, die alte Hafenbrache umgeformt – die ersten Wohnungen wurden rasch zu den teuersten Bremens. Und das, obwohl im Grundbuch ein Vorbehalt vermerkt wurde, der absichern sollte, dass die Bewohner nicht gegen Geräusch und Geruch eines Arbeitshafens klagen können. Unter Dringen der Stadt kamen im Jahr 2015 Sozialwohnungen dazu. Auf den knapp 300 Hektar vermischen sich Büros und Gewerbe, Wohnen, Kultur und Freizeit, Dienstleistung und Hochschule. 12.000 Beschäftigte arbeiten dort, im Jahr 2025 sollen es 17.000 sein. Der Stararchitekt Helmut Jahn baute das mit 82 Metern höchste Bürogebäude Bremens. Er hielt sich an das ungeschriebene Gesetz der Stadtplaner, dass kein Gebäude höher sein dürfe als der Dom mit seinen 99 Metern.

Vom Schwestervorhaben in Hamburg, der Hafencity, unterscheidet sich die Überseestadt grundlegend. In Hamburg wurden alte Hafenanlagen sämtlich abgerissen, alles entstand neu und in dichter Besiedlung. Bremen setzte auf eine behutsame Entwicklung und ein Nebeneinander mit alten Hafengebäuden. Fünfzehn Gebäude stehen unter Denkmalschutz – Speicher, Schuppen, Getreidesilos, die alte Kaffee-Hag-Fabrik. Zu Beginn der Planungen im Jahr 2000 hatte man noch an einen Abriss gedacht. Im „Holz- und Fabrikenhafen" riecht es weiter nach Holzmehl. Das stört die mehr als 300 Musiker nicht, die im ehemaligen Zollamt Proberäume fanden – es wurde rasch zum Anker für Bremens Musikszene. Nahebei hat die Silberschmiede Koch & Bergfeld Corpus ihre gläserne Werkstatt, in der fast alle Fußballpokale von Rang und Goldene Kameras gefertigt werden. In der Tabakbörse hat ein Filmstudio den Verhörraum für den Bremer Tatort gebaut. Einige Gebäude weiter ist ein Verkaufsraum für Oldtimer, zugleich ein Museum und eine Reparaturstätte.

Noch fehlen Schulen, Kitas, gute Straßenbahnanbindungen. Dennoch sind sich Politiker und Beamte, Architekten und Investoren (fast nur Bremer), Denkmalschützer und Wirtschaftsförderer in einer nahezu beängstigenden Harmonie über ihr Vorgehen einig. Sie setzen auf Vielfalt, auf ein raues, authentisches und sparsames Bild – eben auf das „Echte". Das Klinische anderer deutscher Hafenprojekte von Hamburg und Düsseldorf bis zu Frankfurt und Duisburg mit spektakulären Neubauten wollen sie meiden. 2001 war das Areal noch eine Geisterstadt – jetzt lobt ein Wiener Industriearchäologe das Vorgehen wie das Zwischenergebnis als vorbildlich.

Kaufmannsfeste

Nur einmal im Leben

Schon die Gestaltung und Sprache der Einladung ist liebevoll und altertümelnd: Die Schaffer hoffen, dass „gütige Antwort, welche baldgefälligst erbeten wird, zusagend laute". Kaum jemand wird ablehnen – er weiß, dass einem eine solche Ehre nur einmal im Leben zuteilwerden darf. Theodor Heuss und Horst Köhler waren bisher die einzigen Gäste in mehr als 470 Jahren der Schaffermahlzeit, die zweimal kommen durften – und das „nur", weil sie schon vor ihrer Wahl zum Bundespräsidenten dort waren.

Gemäß uralter Tradition beim ältesten Brudermahl der Welt ist die Speisenfolge, minutengenau über fünf Stunden hinweg, ebenso festgelegt wie der Zeitablauf der zwölf Reden auf das Vaterland, den Senat, den Handel. Schaffen hieß in der Sprache der Seeleute, dass das Essen fertig sei, später war der Schaffer Proviantmeister auf dem Schiff. Ganz selten nur werden Traditionen durchbrochen. Alle hundert Jahre einmal wird die Speisenfolge in der Oberen Halle des Rathauses um einen Gang erweitert. Ansonsten bleibt es bei der Bremer Hühnersuppe, Stockfisch mit Senfsauce, Braunkohl mit Pinkel (Grützwurst) sowie Rigaer Butt mit Sardellen, und danach die holländische Tonpfeife. Herumgereichte Silberhumpen halten das Seefahrtsbier, ein dickflüssiges Braunbier, das jeweils zum zweiten Freitag eines Jahres gebraut wird. Alle nutzen bei allen Gängen das gleiche Besteck und wischen es dazwischen mit Löschpapier ab.

Sie streuen ihren Pfeffer aus der goldenen und das Salz aus der silbernen Tüte.

Welcher Vorstandsvorsitzende, welcher Bundeskanzler wird schon an langen, der Form von Neptuns Dreizack angeordneten Tischen anderswo strapaziöse fünf Stunden lang ohne Aufstehen „einfache bremische Hausmannskost" speisen? Hier aber lassen sie sich faszinieren von ehrwürdiger Tradition. Das Schaffermahl ist für den Stadtstaat ein Höhepunkt des Jahres. Manche meinen, „höher in der Hierarchie gesellschaftlicher Events" gehe es „in Deutschland wohl nicht". Dem Senat gefällt das. So wurden nach Jahren des Restaurierens zwei aus Kupferblech gearbeitete Herolde gerade rechtzeitig am Tag vor dem Brudermahl wieder vor dem Osteingang des Rathauses aufgestellt, das die Rückseite vieler Zwei-Euro-Münzen ziert.

Ursprünglich war das Schaffermahl bei der Gründung 1545 ein Abschiedsessen der Reeder und Kaufleute mit ihren Kapitänen, bevor diese nach der Eisschmelze auf große Fahrt gingen. Jetzt dient es neben dem Werben für den Standort Bremen und dem Austausch auch dem Sammeln für die Stiftung Haus Seefahrt, dem ältesten Sozialwerk der Welt für in Not geratene Seeleute. Sie unterhalten eine Wohnanlage auch für deren Witwen oder geben Geldhilfen. Jeder Teilnehmer ist aufgerufen zu einer Spende, die dem Rechnung tragen „darf", dass die Gelegenheit zum Spenden nur einmal im Leben bestehe. Statt Scheine kann man in die uralten Sammelbüchsen seine Visitenkarte mit einem Betrag drauf stecken. Etwas aufwendiger noch wird es für die drei Schaffer des Jahres, die auch finanziell Gastgeber sind; dafür aber dürfen sie den Rest ihres Lebens mit speisen, und als Schaffer zum Frack eine schwarze Weste und Fliege tragen statt der üblichen weißen.

In drei Dingen unterscheiden sich die Unternehmertreffen in Davos und beim Schaffermahl: Davos setzt auf formloses Auftreten, Bremen auf höchste Förmlichkeit; Davos zielt auf möglichst viel Kommunikation, Bremen auf Stimmung und Althergebrachtes; und nach Davos kann jedes Jahr wieder kom-

Promenade an der Weser, Überseestadt

Dackel besucht Loriots Mops

Stahlrohrturm für Windkrafträder

Plenardebatte in Bremens Bürgerschaft

Geteilte Welten: Vor dem Schaffermahl im Rathaus

Großgarage im „Viertel"

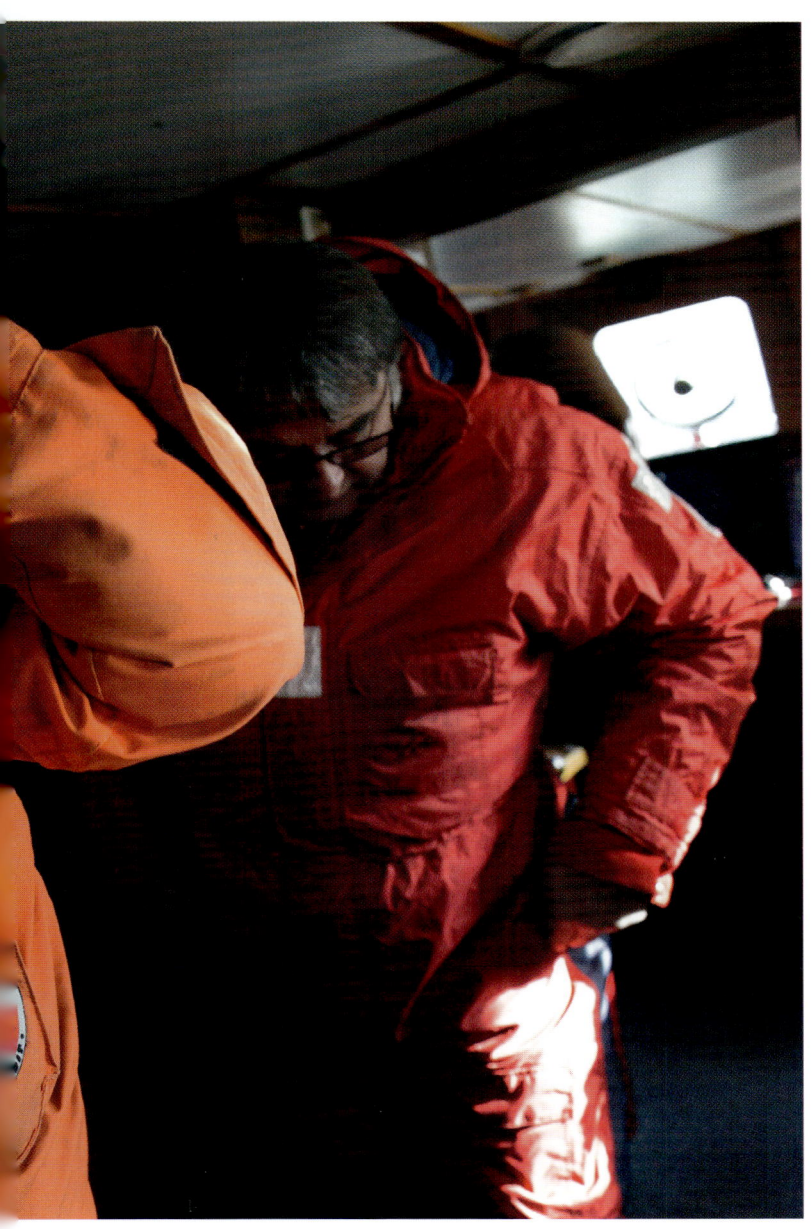

Seenotretter bereiten sich auf Einsatz vor

Kupferguss in der Kunsthochschule

Vorraum des Rathauses

men, wer zur wirtschaftlichen oder politischen Elite zählt, zur Schaffermahlzeit aber nur einmal im Leben. Parallelen aber gibt es mindestens ebenso viele. Ist Bremen nun Klein-Davos oder Fein-Davos? Die Namen der jeweils hundert Gäste sprechen für beides. Jeder fünfte ist Vorstandsvorsitzender oder Verwaltungsratspräsident eines großen Konzerns. Die meisten anderen sind Inhaber mittelständischer Unternehmen, Mitglieder von Aufsichtsräten und Vorständen, Universitätspräsidenten, Ministerpräsidenten oder Minister auch aus dem Ausland, zudem ein halb Dutzend Künstler und Journalisten. Der Präsident des Verwaltungsrates eines Schweizer Weltkonzerns sagte, die Schaffermahlzeit verbinde „die Freude am Besten mit dem Vorteil am sozialen Nutzen". Der Vorstandsvorsitzende eines internationalen Autoherstellers hob den sozialen Anspruch seit fast fünf Jahrhunderten hervor, der vorbildhaft sei für unsere Gesellschaft.

Der Veranstalter „Haus Seefahrt" brach im Jahr 2015 eine Tradition, derweil andere Kaufmannsfeste noch an ihr festhielten: Das bedeutendste Kaufmannsfest in Norddeutschland bittet seitdem auch Frauen als Gäste. Zuvor gab es bisweilen Proteste gegen die Männerrunde. Etwa 500 Frauen hatten sich ähnlich wie die Männer im Frack gekleidet, aber mit knallrosa Fliege in einem Spalier vor das Rathaus aufgestellt. Plakate wiesen auf Meilensteine der Gleichberechtigung der Frauen. Anschließend hatten der Bürgermeister und die Bürgerschaft zu einer Öffnung aufgerufen. Entscheidender für den Beschluss (er musste mit Dreiviertelmehrheit getroffen werden) dürfte das Drängen großer Konzerne gewesen sein, die sich zu Gleichberechtigung und Antidiskriminierung verpflichtet haben. 2005 war erstmals eine Frau dabei als erster weiblicher Kaptitän, erster weiblicher Ehrengast war 2007 Angela Merkel und im Februar 2015 einige weitere Frauen aus Politik und Vorständen. Merkel jedenfalls erfüllte mit ihrer Rede die Hoffnungen der Gastgeber. Sie rief dazu auf, bürgerschaftliches Engagement zu stärken. Bremen stehe „in der Welt seit Jahrhunderten" für einen auf Eigenverantwortung ruhenden Einsatz. An der Schaffermahlzeit zeige sich, dass es gut sei, „seine eigene Heimat, seine eigenen Wurzeln immer wieder zu betrachten", um offen zu sein für die Zukunft. Sie wandte sich gegen Vorschläge einer Länderneugliederung, die auf Bremen als kleinstes Bundesland zielen, was ihre Gastgeber gerne hörten. Falls alle Länder auf gleiche Größe getrimmt würden, wäre das ein Verlust an Vielfalt.

Vaterländischer Braunkohl zur Eiswette

Biedermeierlich wirkt die Eiswette wahrhaftig nicht. Da sie aber zu den jüngsten der Kaufmannsfeste zählt, schrieb der Autor eines Buches über Traditionsfeste der Hansestadt, sie stamme aus der Biedermeierzeit und sei erst auf dem Weg zur Altehrwürdigkeit – um sie abzugrenzen von Schaffermahl, Januargesellschaft und Schmeckemahl. Die meisten Kaufmannsfeste, zu denen auch das Stiftungsfest des Ostasiatischen Vereins sowie das Bremer Tabak-Collegium zählen, werden im Januar oder Februar gefeiert. Sie dürfen im Rathaus oder zumindest im Schütting, dem Sitz der Handelskammer, stattfinden, während die erst 1829 gegründete Eiswette mit dem Kongresszentrum vorlieb nehmen muss – immerhin der größte Saal Bremens. Während andere Kaufmannsfeste eher auf das bremisch Unterkühlte und Uneitle setzen, das auch mal als blasiert missverstanden werden kann, gilt das für die Eiswette weniger.

Dort treffen sich knapp 300 „honorige" Eiswett-Genossen mit ihren 400 Gästen zu einem Abend, der sich vom Festgezurrten und Vorhersehbaren des Schaffermahls abhebt. Hier geht es um Wortwitz und kabarettistische Einlagen mit karnevalistischen Zügen, nur auf einem „höheren Niveau" und durchaus härter. Politiker aller Richtungen werden von den Präsiden veräppelt in einer Schärfe, die nahe an die Grenze der Verleumdung kommen mag; die aber alle schätzen und erwarten. Das Stiftungsfest schließt zwei Wochen ab, die mit der „eigentlichen" Eiswette am Dreikönigstag begonnen hatte, ebenfalls mit Lästermäulern. Dabei muss der „99 Pfund schwere" Schneider die Weser mit seinem glühenden Bügeleisen und flotten Sprüchen prüfen, ob sie vereist sei (was sie seit der Begradigung der Außenweser Ende des neunzehnten Jahrhunderts und der höheren Fließgeschwindigkeit nur ganz selten war, letztmals 1946). Sein Befund an das Präsidium auf Platt „De Weser geiht" ist ebenso festgezurrt wie der äußere Ablauf des Stiftungsfestes.

Der Schneider und die „Frau Weser" spielen auch beim Stiftungsfest eine Rolle, wenn die Kerzen tragenden Novizen des Jahres zu einem einst fränkischen Lied als Eisgenossen aufgenommen werden. Während andere Hansestädte nach der Besetzung durch Napoleon auf viele Bräuche verzichteten, behielten die Bremer ihre Tischgesellschaften bei und stärkten damit den Respekt Auswärtiger. Die Eiswette bedenkt die Seenotretter, die von ihrem Hauptsitz in Bremen aus seit 1865 mehr als 80.000 Menschen vor dem Ertrinken bewahrt haben. Die abendliche Sammlung erbringt jährlich um die 400.000 Euro. Wie seit vielen Jahrzehnten ziehen am Samstag um Punkt 15 Uhr die Herren in Smoking und Frack, nicht mehr wie früher im Vatermörder, zum Klang der Tannhäuser-Ouvertüre in den großen Saal zu ihrer zugeteilten „Eisscholle". Mehr als ein Drittel kommt von fernher – „große Namen" sind hier einer unter vielen. Der Präsident verliest Namen verstorbener Eisgenossen, jeweils begleitet von zwei Schlägen der alten Schiffsglocke, und erklärt dann das alte Eisjahr für überwunden. Das Licht im Saal wird heller zum Ruf „Hin zu den Lebenden" und die Kapelle spielt „Freut Euch des Lebens".

Dann beginnen das „vaterländische" Braunkohl-Essen „mit all und jedem, was nach gutem Brauch und altem Herkommen erforderlich und nützlich ist" und die Wortspielerei. Neben Politikern aus Berlin und Bremen sind Vorstandsvorsitzende großer Banken und Konzerne ihre Opfer, die das ansonsten nicht gewohnt sind. Die Bremer sind zu ihrer Finanzlage – der rot-grüne Senat ist stets gut vertreten – ebenso direkt: Wenn einem das Wasser zum Halse stehe, dürfe man den Kopf nicht hängen lassen, sagt der Präside. Ein Rundfunkintendant als Gastredner nannte seine Worte bei der Eiswette einen Höhepunkt seines Lebens: Sie erfülle seinen Lebenstraum, um zehn Uhr abends mit 2,8 Promille eine Rede halten zu dürfen. Auch ein anderer Gast brachte Zuhörer zum Brodeln. Eigentlich wollte er nur die ersten paar Sätze auf Plattdüütsch schnacken. Als aber die 700 Gäste johlten, sprach Peter Harry Carstensen ganze 45 Minuten in seinem Heimatdialekt. Seine Zuhörer verstünden das ja, sagte der frühere schleswig-holsteinische Ministerpräsident – der britische Botschafter etwa, weil die Angeln, die die angelsächsische Sprache begründeten, aus der Gegend um Flensburg kamen.

Gralshüter des Silberschatzes

Gralshüter des Silberschatzes, Wahrer am Artushof: Bisweilen neigen Fernstehende zu Worten aus der Sagenwelt, wenn sie die „Compagnie der Schwarzen Häupter aus Riga" und ihr Brudermahl in Bremen beschreiben wollen. Das mag so sein, weil nur wenige dabei sein dürfen beim Treffen im Schütting. Bei diesem wohl kleinsten und intimsten der Kaufmannsfeste wiederholt sich alljährlich im Gobelinsaal ein Ritual, von dem es Bilder nicht geben wird. Selbst dort werden spielerisch Mythen gepflegt etwa mit der neckischen Behauptung, dass nur zwei Wappen derzeit den Mauritiuskopf in ihrem Schild hätten: die Bruderschaft der Schwarz(en)häupter und der Papst. Dass Alt-Papst Benedikt den Kopf des als Märtyrer getöteten „Mohren" in seinem Wappen hat, hängt damit zusammen, dass er das Wappen seines früheren Bistums München-Freising übernahm. Freising lag auf der Schneise von Riga bis nach Frankreich, in der der wegen Einsatzes für seine Glaubensbrüder getötete

Heilige Mauritius geehrt wurde und wird. Dabei tragen auch andere Orte Mauritius im Wappen, von Coburg bis zur Insel Korsika. Und das Schwarzenhäupterhaus in Riga.

Dort kennt „jeder" Mauritius und die Schwarzenhäupter, schon weil das schönste und traditionsreichste Profangebäude der lettischen Hauptstadt prachtvoll wiederaufgebaut wurde – wohl jeder Besucher Rigas sieht das schwarze, mit einem Tuch umschlungene Haupt am Portal. Dass das Schwarzenhäupterhaus mit Originalstücken ausgestattet wurde, verdanke Riga auch gut zwei Dutzend Männern aus Bremen, die in der Compagnie der Schwarzen Häupter eine jahrhundertelange Tradition und Teile des Archivs bewahren, würdigte der Direktor der Lettischen Akademie der Schönen Künste beim Brüdermahl.

Auf dem lang gezogenen Tisch mit um die 30 Brüdern (Collegen) und einigen Gästen stehen teils vergoldete Silberpokale und Talerhumpen, die als Meisterwerke der Silberschmiedekunst an 364 Tagen im Jahr im Roselius-Haus an der Böttcherstraße in Vitrinen bewundert werden können. Einmal im Jahr holt ihr Eigentümer, die Compagnie, sie zurück und nutzt sie. Im Mittelpunkt des Brudermahls steht der 1654 in Riga gefertigte teilvergoldete Amicitia-Pokal mit Venus und Amor, Bacchus und Ceres – Sinnenfreude gehört zum guten Leben eines Kaufmanns. Der schwere Pokal wird mit Champagner gefüllt kreuzweise weitergereicht. Jeder sagt dreimal den Collegen und Gästen sein Amicitia, bevor er einen Schluck trinkt. Unter den Gästen ist stets ein Vertreter der befreundeten Bruderschaft der Schwarzhäupter aus Reval.

Die Collegen, die von den bisherigen Mitgliedern kooptiert werden, sollten einen Bezug zur baltischen Region haben. Meist sind das Kaufleute oder Reeder, aber auch ein Literaturwissenschaftler, ein Museumsdirektor, ein Journalist, ein Anwalt, ein Apotheker. Sie verpflichten sich nicht nur zur Verschwiegenheit und zur Wahrung des Ethos eines ehrbaren Kaufmanns, sondern bei ihrer Aufnahme auch dazu, dass sie den Silberschatz niemals veräußern werden. Er gilt als legendär und ist doch mit

40 Pokalen und Humpen nur ein kleiner Teil der ursprünglich 3.500 Stück. Er ist jetzt verstreut: im Kreml, in Riga, teils verschollen. Im Zweiten Weltkrieg wurde der Teil, der seit 1987 in Bremen zu sehen ist, verlagert. Bis er von allen Seiten als Eigentum der Compagnie anerkannt wurde, bedurfte es so mancher juristischen Klärungen. Er war zunächst als Leihgabe der deutsch-baltischen Carl-Schirren-Gesellschaft im Museum in Lüneburg ausgestellt gewesen.

Die Compagnie zählt auf die deutschbaltische Tradition und hebt sich doch ab – im öffentlichen Blick stehen oft der Landadel und deren Güter. Die Compagnie aber ist „bürgerlich" und passt daher gut zu Bremen, das bürgerliche Tugenden ehrt. In gewisser Sicht ist die Umsiedlung an den Sitz der Kaufmannschaft neben dem Dom eine Heimkehr: Riga wurde, sagt die Geschichte, 1201 vom Bremer Bischof Albert gegründet. Neue Forschungen aber zeigten, berichtet beim Brudermahl einer der „Ältesten" der Compagnie – er wird an dem Abend zum erst zweiten „Ehrenältesten" in den 600 Jahren der Compagnie benannt –, anderes. Riga sei, sagt der Hamburger Reeder, entgegen landläufiger Überzeugung nicht eine kirchliche Gründung von 1201, sondern – wie Reval – eine weltliche, Kaufleute hätten 1184 dort eine Siedlung angelegt.

Die „Compagnie der Schwarzen Häupter aus Riga" ist im Bewusstsein der Letten, weil ihr renoviertes prachtvolles Haus von kaum einem Staatsbesucher oder Touristen ausgelassen wird. Ihr legendärer Silberschatz ist in der Böttcherstraße zu sehen – allerdings nur ein kleiner Teil, das meiste liegt im Banktresor. Weniger bekannt ist die 1399 gegründete „Bruderschaft der Schwarzenhäupter aus Reval". Deren Brüder können ihren Silberschatz nur in der Nikolaikirche der estnischen Hauptstadt Tallinn, dem früheren Reval, bewundern. Dafür aber haben sie gute Aussichten, als wohl erste Bruderschaft im östlichen Mitteleuropa ihr angestammtes Haus in Tallinn zurückzuerhalten – Gerichte und die Regierung stehen hinter ihr, die Stadt

sperrt sich. 1531 hatten sie das – 1940 von den Sowjets enteig-
nete – Haus an der Langstraße erworben und sich dort seit dem
frühen 15. Jahrhundert zu ihren geselligen Zusammenkünften,
den Drunken, getroffen. Unter den zwanzig, fünfundzwanzig
Bruderschaften, die es noch im Ostseeraum gibt, sind die beiden der Schwarzenhäupter die traditionsreichsten. Bis 2010
traf sich die nach der Estländischen Ritterschaft älteste Körperschaft Estlands, zu deren Ehrenbrüdern Zar Peter der Große und spätere Zaren ebenso wie schwedische Könige und der
letzte Präsident der ersten Republik Estland zählten, zu ihren
Lätare-Essen abwechselnd in Tallinn und in Bremen, seitdem
nur noch in Tallinn. Emotionale und historische Bindungen
an Bremen aber bleiben. Bis vor Kurzem waren Mitglieder –
höchstens 100, derzeit um die 40 – fast ausschließlich Angehörige deutsch-baltischer Bürgerfamilien. In jüngerer Zeit nahm
die Bruderschaft Esten auf, darunter den Stadtarchivar von
Tallinn – etwa die Hälfte der Mitglieder lebt in Estland. Einst
war die Bruderschaft der Schwarzenhäupter die Gemeinschaft
lediger deutscher Kaufgesellen und -leute.

Am Lätaremahl kurz vor dem vierten Fastensonntag nehmen denn auch Träger der gleichen Familien teil wie dreihun-
dert Jahre davor – Riesenkampff, von Buxhoeveden, von zur
Mühlen, Girgensohn. Als Gäste kommen Vertreter befreunde-
ter Bruderschaften aus Danzig, Riga, Stade. In Hamburg gab
es früher an die hundert Bruderschaften, heute keine mehr.
Im niedersächsischen Stade dagegen haben noch vier überlebt,
die die alte Hanse-Tradition ebenso wie Hilfe an Benachteilig-
te weiterpflegen. Vor den Brüdern und Gästen, auch der vier
baltischen Ritterschaften, stehen alte Deckelpokale aus Silber,
der älteste von 1664, die auf der Flucht gerettet wurden und
mit Wein kreisen – auch wenn mehr noch als Bier und Wein
der Schnaps, beginnend mit dem „Suppenschnaps", Tradition
ist. Begrüßt werden sie vom Erkorenen Ältesten am Worte – er
wechselt alljährlich aus der Gruppe der vier Erkorenen Ältesten, und stets mit einer Wahl. Bürgerliche deutsch-baltische

Familien haben in ihren Ständeordnungen mit Gilde, Bruderschaft und Magistrat eine demokratische Kultur gepflegt. Eine
andere Aufgabe brauchen die Erkorenen Ältesten der Bruderschaft der Schwarzenhäupter nicht mehr zu erfüllen: als Richter
Ausschweifungen junger Leute zu züchtigen, Saufereien und
dem nächtlichen Trompeten und Trommeln Einhalt zu gebieten.

Bei Kerzenlicht wird man so grundsätzlich

So entspannt hatte man den damaligen bremischen Bürgermeister Jens Böhrnsen selten erlebt: Er bringt bremische Kaufleute zu langem Beifall und häufigem Lachen. Der Anlass: das
Bremer Tabak-Collegium. Die Sitzordnung ist ebenso ungewöhnlich wie die Beleuchtung. Nur Kerzen leuchten auf den
kleinen Tischen mit Rotweingläsern und gekreuzten hollän-
dischen Tonpfeifen vor den an den Wänden entlang gestellten
Stühlen. Bremen, sagt der Bürgermeister, sei „verdammt stolz",
dass das Collegium den Namen Bremens in die Welt trage als
„toller Botschafter" der Hansestadt und seiner Tradition – dabei
nicht rückwärtsgewandt, sondern der Verantwortung um die
Zukunft bewusst. Anwesende Bremer, anfangs ihm gegenüber
skeptisch, danken es ihm mit der Einschätzung, er reife und
vertrete zunehmend „alle" – das muss nun sein junger Nachfolger einlösen.

Böhrnsens Lob galt dem nach dem Schaffermahl und der
Eiswette wohl am wenigsten bekannten der drei großen bremischen Kaufmannsfeste; wenig bekannt auch, weil das Tabak-
Collegium auf Diskretion Wert legt. Teilnehmer sind gehalten,
über die Veranstaltungen nicht zu berichten, nicht einmal, wer
dort spricht oder kommt, geschweige denn über den Verlauf
der Debatten. Das ermöglicht, was ein Unternehmer eine der
letzten verbleibenden Nischen bürgerlicher Debattenkultur
nennt. Vertraulichkeit: Einer der Redner, ein Bundespolitiker

von Rang und Ansehen, sagt, in einer solchen Stimmung zum Kerzenlicht in der Oberen Rathaushalle werde man „so grundsätzlich". Und sagt auch über Medien freundliche Worte – wenn es wirklich wichtig werde, seien sie verantwortungsvoll, den Rest müsse man halt schlucken.

Dabei ist das 1970 gegründete Bremer Tabak-Collegium nicht nur das weitaus jüngste der Bremer Kaufmannsfeste, sondern auch das unhanseatischste. Es beruht auf der Tradition des Tabak-Collegiums des preußischen Königs Friedrich Wilhelm I. Es kommt zwei- bis dreimal im Jahr zusammen, um die hundertachtzig Mal bisher – wenn in Bremen, dann im Rathaus. Meist aber trifft sich die Herrengesellschaft zu Rotwein und langer Tonpfeife (an die sich nur wenige trauen) anderswo in Gebäuden von europäischer Geltung – im Königlichen Schloss von Warschau oder im Danziger Artushof, in den Franckeschen Stiftungen in Halle und im Schloss Ruhenthal (Rundale) bei Riga, im Charlottenburger Schloss in Berlin. Nur einmal gab es zwei Redner: 1986 Helmut Schmidt und Valery Giscard d'Estaing gemeinsam in der Alten Aula der Heidelberger Universität. Im Weimarer Stadtschloss sagte dessen Gastgeber Hellmut Seemann, es sei das erste Mal seit vielen Jahrzehnten, dass dort gespeist und geraucht werden durfte in der ruhigen Besonnenheit, die diese Gespräche auszeichnen. Mit der Wahl der Gebäude will man die Verpflichtung zur Pflege von Kunst und Kultur ausdrücken.

Das Bremer Tabak-Collegium hat weder Mitglieder noch eine Satzung. Ein Förderkreis, der nach hanseatischer Übung nicht genannt werden will, ermöglicht die Begegnungen. Etwa zehn Mitglieder des „Kleinen Gremiums" entscheiden über Themen, Redner, Gäste. Zu ihnen zählen ein ehemaliger Museumsdirektor, ein Kulturhistoriker, ein Wissenschaftsverleger, zwei Rechtsanwälte – nur zwei Kaufleute, und Bremer stellen die Minderheit. Als der Verfassungsrechtler und frühere Bundesverteidigungsminister Rupert Scholz nach sechzehn Jahren im Kleinen Gremium ausschied, meinte er, die Entnüchterung bei Trank und Speis (traditionell karg mit Schwarzbrot und Schinken) sei eine wichtige Voraussetzung für das offene und vertraute Gespräch und für gute Entscheidungen. Scholz hatte in seiner kurz angebundenen und doch verbindlichen Art eine der wenigen Traditionsbrüche in der Geschichte des Tabak-Collegiums elegant überbrücken helfen: Als 1994 in Tegernsee der gastgebende Herzog in Bayern durchsetzte, dass dort nicht bremisches, sondern bayerisches Bier getrunken werde.

Bremens Sonderwege

Ohne Bischof

Trotz monumentaler Maße tritt der St.-Petri-Dom hinter Rathaus und Schütting zurück. Bis 1803 regierte der Dombezirk sich selber, die Bürger der Hansestadt hatten hier nichts zu sagen. Nach 800 ging vom „Rom des Nordens" die Christianisierung Nord- und Osteuropas aus von Island bis zum Baltikum. Jetzt aber ist Bremen so entkirchlicht wie wenige andere deutsche Städte. Der Anteil von Protestanten in Bremen hat sich von den frühen Siebzigern bis heute von 80 auf 41 Prozent halbiert, während der Anteil von Katholiken mit gut zehn Prozent beständig blieb.

Die Bremische Evangelische Kirche (BEK) ist die einzige der 20 evangelischen Landeskirchen ohne einen Bischof. In fast jeder Hinsicht unterscheidet sich die Kirchenverfassung wie auch der Religionsunterricht von allen anderen Landeskirchen. Die Selbstverwaltung jeder einzelnen Kirchengemeinde steht im Vordergrund, was zu einer Vielfalt von Konfessionen und theologischen Richtungen führte. Jede Gemeinde ist eine Körperschaft des öffentlichen Rechts mit eigener Ordnung und eigenem Bekenntnis – streng genommen, wäre jede evangelische Gemeinde in Bremen auch eine Einzelkirche. Das kommt dem Bremer Lebensgefühl entgegen, anders und besonders zu sein. In der Praxis ist die Schere nicht ganz so extrem – auch weil andere Landeskirchen mittlerweile der Vorreiterrolle Bremens bei der Gemeindeautonomie, der Laienbeteiligung, dem Personalgemeindeprinzip und der Richtungsvielfalt nachzogen.

Es gibt Bestrebungen, diese Sonderlage zu ändern – falls das geschieht, wird das jedenfalls lange währen. Das Kirchenrechtliche Institut der Evangelischen Kirche in Deutschland (EKD) in Göttingen schlug in einem Gutachten eine Verfassungsreform vor. Verfassungswirklichkeit und Verfassungstext sollen stärker in Einklang gebracht sowie rechtliche und geistliche Leitung der Kirche stärker verwoben werden. Auch wenn der Kirchentag eine Verfassungsrevision angehen sollte, wird Bremen sich weiterhin von anderen abheben. Eine kircheninterne Diskussion war durchaus kontrovers zwischen den Lordsiegelbewahrern, die meinen, alles sei gut, und Reformjüngern, die einen Wandel für nötig halten.

Dass die Verfassung der BEK die kürzeste und „in ihrem Gestus schlichteste" innerhalb der EKD ist, beruht in starkem Maße auf der historischen Sonderentwicklung. Bremen wurde 1524 als erste norddeutsche Stadt reformiert, zehn Jahre später kam die erste Kirchenordnung. Das Amt des Superintendenten mit geistlicher Leitung wurde mehrfach nicht besetzt und 1658 abgeschafft. Seitdem lagen geistliche und kirchliche Leitung abwechselnd bei Räten und beim Senat. Stärker als anderswo in der Hansestadt sind heute Kirche und Staat vermengt. Bis jetzt ist der Bremer Bürgermeister auch Kirchensenator, was Laizisten vor allem in der SPD gar nicht behagt. Noch bis 1920 war Bremen eine Magistratskirche – die Kirche stand unter der Obhut und Aufsicht des Senats, und der Landesherr war zugleich Kirchenherr. Die Befugnisse des Kirchenregiments lagen also beim Senat, der die Kirche nach außen vertrat. Da sich der Staat mal zurückhielt, mal zurückzog, kircheneigene Leitungsstrukturen aber fehlten, wurden die Kirchengemeinden weitgehend eigenständig, auch in ihrer Lehre. Reformierte stritten sich über Jahrhunderte hinweg mit Lutheranern, und Orthodoxe zofften gegen Pietisten. Lutheraner waren anfangs auf den Dom begrenzt, der ohnehin außerhalb der bremischen Souveränität lag – er ging als winzige Enklave 1648 an die schwedische Krone, 1718 an den Kurfürsten von Hannover und erst 1803 an Bremen. Obwohl fast die Hälfte aller Bremer Protestanten Lutheraner waren, behielten die Calvinisten die Oberhand – im Senat blieben sie unter sich. Im Vergleich zu anderen calvinistischen Gemeinden – in Emden und Leer, Genf und Dillenburg – ist die Konfession in Bremen am stärksten in Reinkultur, in Erz gebrannt.

Das Göttinger Institut stuft das System als Erbe eines aufklärerischen Staatskirchentums ein. Die Vielfalt der Gemeinden zeigt sich im Alltäglichen: Einige sehen und geben sich locker-flockig oder sozialreformerisch, andere setzen auf Althergebrachtes. Jeder Pastor sei, heißt es gelegentlich, sein eigener Papst. Wie bunt die Gemeinden sind, zeigte sich, als die strenggläubige St.-Martini-Gemeinde ihrer Übung gemäß einer Pastorin aus einer Nachbargemeinde, die bei einem Trauergottesdienst einsprang, verbot, einen Talar zu tragen oder von der Kanzel zu predigen. Damit ist die frühere Kirche der Kaufleute und der Seefahrer die letzte Männerbastion in evangelischen deutschen Gemeinden, nachdem Schaumburg-Lippe 1991 die Frauen-Ordination eingeführt hatte. Erst später wiesen Archivare der St.-Martini-Gemeinde nach, dass dort schon 1904 eine Pastorin gepredigt hatte – möglicherweise als erste Frau auf einer Kanzel in Deutschland. Der Pfarrer von St. Martini fällt bisweilen auf durch eigenwillige, auch abfällige Predigten über Gebräuche anderer Konfessionen und Religionen. Den einen stößt das irritiert auf, andere fühlen sich bestätigt. Nun wurde plötzlich die Predigt-Freiheit, die Bremer Protestanten als hohes Gut galt, angefochten.

Von anderen Landeskirchen unterscheidet sich Bremen nicht nur durch die Autonomie der Gemeinden und die Vielfalt theologischer Richtungen, sondern auch durch den Personalgemeindegrundsatz und die Beteiligung von Laien an der Kirchenleitung. Mitglieder sind nicht an ihre Wohnsitzgemeinde gebunden. Sie können in eine andere Gemeinde wechseln, was die Atomisierung der Bremer Kirche verstärkt. Das ist innerhalb der EKD zwar mittlerweile auch anderswo möglich, wird in Bremen aber hochgehalten. Das Kirchenbewusstsein wird von einem ausgeprägten Gemeindebewusstsein verdrängt. Synodale Strukturen gab es früher in Bremen nicht.

Die Kirchenverfassung von 1920 sicherte jeder Gemeinde die Glaubens-, Gewissens- und Lehrfreiheit. Evangelische Christen können sich der Gemeinde anschließen, in der sie sich wohlfühlen – das hat seit der Reformationszeit gute Tradition. Nur für gesamtkirchliche Fragen gibt es den Kirchentag als Parlament der Kirche, den von ihm gewählten Kirchenausschuss, die Kirchenkanzlei und den Schriftführer. Die Kirchenverfassung schreibt einen Kirchentag als Synode vor. Diese zählt mit 160 Mitgliedern zu den drei größten deutschen Kirchenparlamenten – und das, obwohl die Bremer Landeskirche mit 218.000 Gemeindemitgliedern zu den fünf kleinsten deutschen Landeskirchen zählt. Und sie hält sich fern – innerhalb der EKD gehört sie keiner der üblichen Kirchengruppierungen (reformiert, lutherisch, uniert) an.

Die BEK hat weitere Eigentümlichkeiten ihrer Struktur und Verfassung. In allen Landeskirchen gibt es zwischen der Landeskirche und den Gemeinden eine Zwischenebene – Kirchenbezirke, Dekanate, Kirchenkreise –, nur nicht in Bremen. Während andere Kirchen einen Landesbischof an der Spitze haben oder zumindest einen Kirchenpräsidenten, jedenfalls eine klar erkennbare Sprechergestalt, hat die BEK einen Schriftführer, von dem es in der Kirchenverfassung nur heißt, er solle Pfarrer sein – ursprünglich war auch das nur als „tunlichst" gefordert. Dass vieles in Bremen dennoch gut läuft, beruht darauf, dass der gegenwärtige Schriftführer Renke Brahms – zugleich Friedensbeauftragter der EKD, zuständig für Zivildienst und Kriegsdienstverweigerer – wie auch der Leiter der Kirchenkanzlei im komplizierten bremischen Biotop zu jonglieren und diskret zu führen wissen. Aus dem Schriftführer könnte ein Landessuperintendent werden. Eine weitere Besonderheit: Bremerhaven ist zwar Teil des Landes Bremen, ihre Gemeinden aber gehören bis auf eine einzige zu den Landeskirchen in Hannover (lutherisch) oder Leer (reformiert). Somit ist Bremen auch die einzige Landeskirche, die zugleich Stadtkirche ist.

Auch offiziell hat Bremen eine Sonderstellung erhalten. Der EKD hatte sich die „Bremische Evangelische Kirche" erst 1953 angeschlossen. Bei ihrem Beitritt formulierte sie als Zusatz, „dass für die bremische Kirche und ihre Gemeinden in allen Fragen des Bekenntnisses allein ihre Verfassung und die bremische Gemeindeordnung maßgebend sind". Die 1946 ergänzte Präambel der Kirchenverfassung gilt der EKD als „das Minimum dessen, was auszusagen ist, um die BEK als evangelische Kirche zu beschreiben".

Bremen – die einzige deutsche Großstadt, die streng calvinistisch geprägt ist – mochte Katholiken nicht. „Papisten" durften nicht Stadtsoldaten sein. Bei katholischen Reisegruppen sparen Touristenführer beim Erklären der Rathausfassade gerne das Relief über einem Rathausbogen aus. Dort steigt ein Mann, er hält eine Weltkugel mit einem Kreuz in der Hand, über den am Boden kriechenden Papst mit seiner Tiara hinweg und entwendet ihm dessen Schwert. Die Abwendung vom Katholischen war radikal – wohl kaum eine andere deutsche Großstadt wechselte so entschlossen und rasch zum neuen Glauben. Fünf Jahre nach dem ersten protestantischen Gottesdienst in Bremen und drei Jahre nach der Reformation wurden alle katholischen Gottesdienste verboten. Immerhin durften Katholiken nach dem Ende des Dreißigjährigen Krieges wieder Gottesdienste in Bremen feiern – in einem gemieteten Haus. Bürgerrecht erhielten sie aber nur, wenn sie einen Beruf hatten, den es in Bremen nicht gab. Erst 1807 wurde die katholische Kirche als gleichberechtigt neben Lutheranern und Reformierten anerkannt, 1816 erhielt sie erst ein eigenes Gotteshaus.

Auch beim rechtlichen Verhältnis von Staat und Kirche hat Bremen unter den Bundesländern eine Sonderrolle. Dank einer Schlussbestimmung im Grundgesetz zum Religionsunterricht, der „Bremer Klausel", bietet Bremen in Schulen eine besondere Form des Religionsunterrichts an – eine Religionskunde mit biblischer Geschichte auf „allgemein christlicher Grundlage". Sie wird inhaltlich nicht von einer Religionsgemeinschaft verantwortet. Auch hier zeigt sich die zwei Jahrhunderte alte Tradition, dass Religionsunterricht an öffentlichen Schulen Sache des Staates ist. Damit hatte Bremen versucht, zumindest in der Schule eine Kirchenunion herzustellen zwischen Lutheranern und Reformierten, womit der Senat Ende des 18. Jahrhunderts im Land gescheitert war.

Die Bremer Haltung zum Religionsunterricht schwappte auf Berlin über – deren „Pro-Reli"-Debatte bezog sich oft auf Bremen. Der Artikel 141 des Grundgesetzes erlaubt eine Ausnahme vom Religionsunterricht an öffentlichen Schulen in jenen Bundesländern, in denen am 1. Januar 1949 eine andere landesgesetzliche Regelung galt. Diese „Bremer Klausel" galt für Bremen und Berlin. Die tägliche Praxis an Bremer Schulen sieht anders aus. An vielen wird Biblische Geschichte noch nicht einmal wie vorgeschrieben eine Wochenstunde gelehrt, sondern gar nicht – das scheint vielen Schulleitern recht. Rechtliche Rahmenbedingungen sind unklar gefasst. Immerhin wies der Senat nach der Drohung der Kirchen, gegen Bibelunterricht durch nicht christliche Lehrer zu klagen, in einer „Christlichkeitsrichtlinie" darauf, dass der Unterricht laut Verfassung mit allgemein christlichen Grundsätzen übereinstimmen müsse.

Selbst das wollen die bremischen Grünen durch eine Verfassungsänderung aufheben. Sie stießen in der Bürgerschaft eine Debatte an über den Religionsunterricht. Die Stadt setzte ein Gremium ein, das hochrangiger kaum sein kann – beide Bürgermeister, der Bürgerschaftspräsident, beide Fraktionsvorsitzenden und der Anreger, alle indes Sozialdemokraten und Grüne. Sie sollen Gräben in der Koalition um den „Biblischen Geschichtsunterricht" überdecken oder gar überbrücken. Die Bildungssenatorin öffnete eine Internetplattform mit dem

Thema „Wie viel Religion braucht die Schule?". Beim Zwist geht es nicht zuletzt darum, ob neben Philosophie auch Islamkunde als zweites Ersatzfach eingerichtet werden soll.

Senat und Deputationen

Nicht nur in der Kirche: Auch in der Organisation von Senat und Bürgerschaft und beim Wahlrecht geht Bremen Sonderwege, die den einen als Vorbild, anderen als abschreckende Eigentümelei gelten. Der Regierungschef (Bürgermeister) hat anders als im Bund und in anderen Bundesländern keine Richtlinienkompetenz. Er ist Erster unter Gleichen. Derweil lenkt zumindest vorgeblich die Bürgerschaft und gibt den Senatoren durch Richtlinien vor, wie sie ihre Behörden zu führen haben. Die Verfassung, so der frühere Justizsenator Volker Kröning, ist eher am Vorbild der bürgerlichen Selbstverwaltung orientiert denn an der Kanzlerdemokratie. Bremen ist immerhin neben Hamburg das einzige Bundesland mit einer weithin ungebrochenen republikanischen Tradition.

Über Jahrhunderte hinweg lenkte ein Rat, in dem Kaufleute den Ton angaben, die Stadt – im napoleonischen Jahr 1813 in Senat umgetauft. Anders als anderswo hat der Bürgermeister nicht den Zusatz Erster, Regierender oder Oberbürgermeister. Die Verfassung legt ihm nahe, im Führungsstil auf Konsens und Integration zu setzen. Vorschläge einer Stadtstaaten-Kommission Ende der Achtziger, ihm eine Richtlinienkompetenz zu geben, wurden in Berlin und Hamburg umgesetzt – in Bremen nicht. Jetzt hat die Bremer Handelskammer die Diskussion wieder aufgenommen. Über vieles entscheidet das Senatskollegium – etwa über die Verteilung der Geschäfte. Einmalig im Länderverfassungsrecht ist auch, dass die Bürgerschaft jeden Senator einzeln bestätigt oder abwählt. Die Gewaltenteilung wird in einem Punkt strikt durchgehalten: Ein Senator darf der Bürgerschaft nicht angehören. Auch die Distanz zwischen

Regierungspartei und Senat: Parteivorsitzende sind nicht wie andernorts meist die Regierungschefs, sondern oft wenig bekannte Männer aus dem zweiten Glied.

Zu den Eigentümlichkeiten des Bremer Biotops zählt, dass die Gewaltenteilung zwischen Exekutive und Legislative dennoch verwischt ist und weitgehend aufgehoben. Die Bürgerschaft (der Landtag) besitzt keine Ausschüsse für Bildung, Soziales, Verkehr, Stadtentwicklung, Bau und Umwelt, Kultur, Wirtschaft, Arbeit und Häfen. Bei der Gesundheitspolitik unterstehen nur die Kliniken parlamentarischer Kontrolle, und beim Inneren nur teils die Polizei. Viel bleibt da nicht übrig: Nur drei Parlamentsausschüsse – Haushalt und Finanzen, Recht, Wissenschaft – haben Gestaltungsmacht. Über alles andere beraten Deputationen. Gesetze werden vorbereitet in diesen Gremien, die jeweils von den Senatoren (Ministern) geleitet werden. Über zentrale Aufgaben des Gemeinwesens beraten in Bremen nicht wie in Stuttgart, Hannover oder Erfurt gewählte Abgeordnete, sondern eine Zwitter-Institution. In ihr verschränken sich Senat, gewählte Abgeordnete und sachverständige Bürger. Auch soweit anschließend die Bürgerschaft Gesetze formell verabschiedet: Welcher Abgeordnete stimmt gegen ein Gesetz, das er vorher in Deputationen mittrug?

Ein Beleg gibt die Schulpolitik. Die Bildungsdeputation berät über die „Verordnung zur Änderung der Verordnung über die Ermäßigung der Unterrichtsverpflichtung und über die Zuweisung und Verteilung von Leitungszeit für Aufgaben in der Schule" nicht im Landtag, sondern in Räumen des Senats (Ministeriums) etwas versteckt zwischen Parkhaus und Diskothek. Nach monatelanger Debatte hatten sich alle Beteiligten geeinigt, wie Schulleiter vom Unterricht teils befreit werden als Ausgleich für ihren Mehreinsatz für die Schule. In Niedersachsen hatte ein ähnliches Thema zum öffentlichen Aufstand geführt. In Bremen sind alle zufrieden, auch die Direktoren, die wie der Stadtschülerring oder die Frauenbeauftragte als „ständige Gäste" der Deputation dabeisitzen. Sie sind aber getrennt von den Deputierten durch Tische und dürfen erst etwas sagen, nachdem die Senatorin die Deputierten fragt, ob sie dagegen etwas einzuwenden haben.

Warum bei den ständigen Gästen denn keine Mikrofone stünden, fragt der Besucher eine Oppositionsabgeordnete. Eine gute Frage, antwortet sie, das wisse sie nicht. Welche Vorzüge oder Nachteile die Deputationen gegenüber Landtagsausschüssen haben, will die führende Politikerin der Linkspartei auch nicht so recht beurteilen. Zumindest könnten in Deputationen auch Personen gewählt werden, die der Bürgerschaft nicht angehören. Und sie tagen anders als die Ausschüsse in Bremen öffentlich. Den Vorsitz hat stets der zuständige Senator – also nicht wie andernorts üblich in Landtagsausschüssen ein Abgeordneter, oft der Opposition. Die Regierung und ihre Beamten erstellen die Vorlagen und die Tagesordnung, bestimmen die Debatten – nicht gewählte Parlamentarier. Damit kontrolliert der Senator, der die Debatte oder Themen steuern oder abwürgen könnte, sich selbst und seine Behörde. Das scheint Teile der Opposition nicht wirklich zu bekümmern. In Bremen setzt man ja gerne auf Konsens.

Das ist dann auch bei der Debatte um die Leitungszeit so. Da ein wichtiges Fußballspiel bevorsteht, einigt man sich darauf, noch ungeklärte Fragen in das „Begleitgremium" zu verlagern, das durch die nun von allen verabschiedete Verordnung gebildet wird. Ähnlich ist das beim nächsten Thema, der Inklusion Behinderter in der Schule. Die Senatorin freut sich, dass alle Anwesenden den Geist der Inklusion mittragen. Erst beim Thema Religionsunterricht in den Schulen erwähnt ein CDU-Abgeordneter, früher war er Staatsrat (Staatssekretär), das bremenungemäße Wort „Schwierigkeiten".

Der Senat weist zur Begründung des Deputationswesens auf eine lange, in bremische Ratsverfassungen des Mittelalters zurückreichende Tradition. Sie war anfangs als bürgerliche Teilhabe an staatlicher Herrschaft gedacht. Das ist gekoppelt mit einer weiteren Bremer Besonderheit. Die Bürgerschaft tagt nacheinander als Landtag und als Kommunalparlament, die Deputationen ebenso. Im Kommunalrecht wird der Grundsatz der Gewaltenteilung nicht gleichermaßen hochgehalten wie im Staatsrecht. Manche Oppositionsabgeordnete sagen, sie hätten damit mehr aktuelle Informationen, manchmal auch mehr Einfluss. In der Verfassung festgelegt wurden die Befugnisse der Deputationen bei einer umfassenden Revision der Bremischen Verfassung im November 1994. Das war die gleiche Änderung, die auch den Artikel 121 Absatz 2 aufhob; er sah bis dahin vor: „Die Bestätigung eines Todesurteils bleibt dem Senat vorbehalten."

Seit Längerem gibt es ein Bestreben, Deputationen zugunsten von Ausschüssen abzuschaffen. Wer in der Opposition ist oder war – die CDU, die Linkspartei und die FDP –, wirbt für die Idee eines reinen Parlamentsbetriebs ohne Vermischung von Exekutive und Legislative. Sie weisen auf Nachteile – Verantwortungen werden vermischt, Parlamentarier in Verwaltungshandeln einbezogen. Sie beraten Verordnungen mit, die anderswo die Regierung zu verantworten habe. Dann aber kann sie sie auch nicht mehr kritisieren. Zudem würden Gesetze auf verschiedene Arten beraten. Daher, so CDU wie auch Linkspartei, sollten Senatoren nicht mehr den Vorsitz führen. Zudem sollten Deputationsbeamte in der Bürgerschaft angesiedelt werden und nicht im Senat.

Als diese Debatte um 2010 hochkam, sagte die SPD, der Vorschlag sei nicht neu und sprach von einer zweiten Stufe der Parlamentsreform. Der Bürgerschaftspräsident sagte damals, Deputationen seien „antiquiert", Parlamentsausschüsse hätten eine „ganz andere Wertigkeit". Geändert hat sich aber nichts. Dass das Deputationswesen nicht in Stein gemeißelt ist, zeigte sich immerhin, als die Bürgerschaft sich 2011 nicht nur zu einem Feierabendparlament umwandelte, sondern auch die Zahl von Deputationen und Ausschüssen, zuvor 37, nahezu halbierte. Ausgerechnet die CDU stimmte dagegen, da spare man am falschen Ort. Als die CDU in Bremen in einer großen Koalition mitregierte, galt das als die Phase, in der die Verschuldung des Stadtstaates besonders stark anstieg.

Die Bürgerschaft in Europas ältester noch bestehender Stadtrepublik bietet nicht nur Sonderformen und Absonderlichkeiten, sondern auch Chancen, die sie nutzen könnte. Die Befugnisse der deutschen Landtage schwinden beständig. Einige Stimmen klingen ernüchternd. Der frühere deutsche Vizekanzler Philipp Rösler, als Fraktionsvorsitzender in Hannover erfahren in der Landespolitik, sagte, Landesparlamentarier hätten sich mangels hinreichenden Selbstbewusstseins und aufgrund des Systems selbst entleibt. Ein früherer Landtagsdirektor in Hannover war ähnlich scharf – Landtagsabgeordnete täuschten sich selbst dauernd über ihre eigene Bedeutung, das parlamentarische Beratungsverfahren sei zu einem rituellen Vollzugsakt verkümmert. Die Gesetzgebung werde vorgegeben durch die Rechtsprechung der Verfassungsgerichte von Land und Bund, durch das europäische Recht und Bundesgesetze und durch von den Landesregierungen ausgehandelte Mustergesetzentwürfe oder Staatsverträge. Hier aber hat die Bremische Bürgerschaft eine Sonderstellung durch ihre Doppelrolle als Landesparlament und kommunales Vertretungsorgan. Oberbürgermeister ähnlich großer Städte wie Bremen sehen mit Neid, aber auch mit Dankbarkeit, dass die Stadtstaaten im Bundesrat für die Interessenwahrnehmung der Kommunen sorgen. Die Bürgerschaft spielt dabei eine wichtige Rolle, weil sie formalisiert kommunale Anliegen in die Bundesgesetze und unter dem Vertrag von Lissabon auch Europagesetze einzubringen vermag, was anderen Landtagen nicht beschieden ist. Das ist eine wichtige Ressource Bremens. Falls sie diese angemessen umsetzt, ist das ein weiterer guter Grund, warum die Eigenständigkeit Bremens gesichert bleiben sollte. Sie bietet zudem die Chance, noch mehr Bündnispartner für dieses Ziel zu gewinnen, als Bremen ohnehin schon hat.

Wahlalter als Exportprodukt

Immer wieder gilt Bremen als Soziallabor neuer Entwicklungen in Deutschland, durchaus nicht alle glückten. Nun probierte es das kleinste Bundesland beim Wahlalter. Das mag dem bremischen Senat gutgetan haben. Mal stand nicht die Verschuldung des Bundeslandes im Blickpunkt, sondern ein bremisches Modell, dem andere Bundesländer folgten, die rot, grün, links regiert werden: die Senkung des Wahlalters von 18 auf 16 Jahren bei Landtagswahlen. Im Mai 2011 hatten Jugendliche in Bremen erstmals bei einer Landtagswahl wählen können, damals durchaus ein Experiment. Die bei Jugendlichen sichtbar erhöhte Wahlbeteiligung, breite politische Debatten in Schulen und die wissenschaftliche Auswertung aber weisen auf einen Erfolg, wie der Senatspräsident und andere am Modell Beteiligte berichten.

Andere Länder folgten rascher als hätte erwartet werden können. Brandenburg, Hamburg und Schleswig-Holstein senkten durch Verfassungsänderungen das Wahlalter für den Landtag auf 16, in weiteren fünf Bundesländern gilt das gesenkte Wahlalter zumindest für die Kommunalwahlen. Andere befragen die Bremer intensiv – sie seien fast schon Handlungsreisende in Sachen Wahlrecht, berichtet der Landeswahlleiter. Hamburg berief sich dabei auf Bremen und dessen Methodenmix – Bremen habe gezeigt, wie wichtig eine gute Vernetzung mit der Schule sei. Die Begleitung der Erstwähler durch die Landeszentrale für politische Bildung habe dazu beigetragen, mehr kundige Staatsbürger heranreifen zu lassen.

Der Senat nennt das schon einen „bremischen Exportartikel", der in den Bundesländern „und irgendwann im Bundestag" zum Siegeszug werde. Geheimnis des Erfolgs sei eine umfassende und sorgfältige Begleitung vor der Wahl. Vor der Bürgerschaftswahl haben viele Politiker des Öfteren mit Schülern debattiert. Das zwingt sie zu einer klareren und verständlicheren Sprache als anderswo. Ihre Fragen, berichten sie, seien

„richtig gut vorbereitet" gewesen, ernsthaft und „erwachsen". Dabei begnügen Schüler sich nicht wie oft Fernsehmoderatoren mit ausweichenden Antworten. Sie fragen intensiver und dringlicher nach als Journalisten, die bei einem Nichtantworten auch zur Höflichkeit oder zum Konsensdenken neigen. Erhalten Jugendliche keine Antwort auf ihre Fragen, bohren sie immer wieder nach – oder sie wenden sich ab. Die Gruppe der Jungwähler in Bremen hatte überwiegend und etwa gleichgewichtig für Grüne und die SPD gestimmt. Nur eine Partei dürfte von der Senkung des Wahlalters messbar profitiert haben, die Grünen, und als einzige verlor die CDU sichtbar – ansonsten unterscheidet sich das Wahlverhalten wenig. Nachhaltigen Einfluss auf das Wahlergebnis hatte eine Senkung nicht – der Stimmanteil der beiden Jahrgänge unter den Wahlberechtigten liegt bei etwa zwei Prozent.

Damit Jugendliche ihr Wahlrecht ausübten, hatte Bremen vor der Wahl mehrere Kampagnen begonnen. Von üblicher Kinowerbung oder Plakaten versprachen sie sich wenig. Zum neuen Vorgehen zählten Schnupperwahllokale und der „Wahl-O-Mat" im Internet. Parallel zum Jahrestag der Deutschen Einheit berieten sich junge Menschen aus allen Bundesländern in der Bürgerschaft – die Entschließungen des „Deutschen Jugendparlaments" zur Lehrerausbildung, zur Vereinbarkeit von Arbeit und Familie und zu gesellschaftlicher Vielfalt leiteten die Präsidenten des Bundestages und der Landtage an Ausschüsse und Fraktionen weiter, manches wurde aufgenommen. Für „Jugend im Parlament", zu dem die Bremische Bürgerschaft Jugendliche fünf Tage lang im Plenarsaal und in Ausschüssen debattieren und abstimmen ließ, konnten sich sogar alle zwischen 14 und 18 Jahren bewerben. Zur Wahl 2015 brachten sich junge Ausländer stärker ein als bisher – sie drehten Filme und entwarfen Slogans unter dem Banner „Ich bin die Wahl".

Im Mittelpunkt der Bemühungen um ein stärkeres politisches Bewusstsein Junger steht die „Juniorwahl". Seit 2001 werden, mittlerweile alle, Bundestags- und Landtagswahlen von Juniorwahlen begleitet, meist in enger Abstimmung mit Schulen, Kultusministerien, Landtagen und Landeszentralen für politische Bildung. Seither haben sich mehr als eine Million Jugendlicher beteiligt. Die Idee dazu hatten einige Berliner Querdenker – keiner von ihnen gehört einer Partei an. Sie gründeten den gemeinnützigen Verein „Kumulus", motiviert durch die Shell-Jugendstudien zu politischen Einstellungen junger Menschen und zur Politikverdrossenheit. Sie wollen mit den simulierten Wahlen helfen, Demokratie zu üben und zu erleben. Zu den einen Monat lang in den Schulen vorbereiteten Juniorwahlen gaben Schüler in der Woche vor der „richtigen" Wahl ihre Stimmen ab, online am Computer oder auf Papier. Davor ging es um Wählerverzeichnisse, Wahlvorstände, Wahlbenachrichtigungen, Auszählen – alles von Schülern organisiert – und natürlich die Bedeutung der geheimen Wahl. Die Juniorwahl in Bremen und Bremerhaven wurde wissenschaftlich ausgewertet. Jungwähler zählten zu den wenigen Wählergruppen, deren Wahlbeteiligung, sonst auf einem Rekordtief, leicht anstieg. Bei der Teilnahme an Juniorwahlen verzeichnet Bremen unter allen 16 Bundesländern die höchste Schuldichte – nahezu alle weiterführenden Schulen waren eingebunden. Jede Schulklasse hatte vorab durchschnittlich sieben Stunden lang über Demokratie und Wahlen beraten. Der Befund: Kenntnisse über demokratische Abläufe und politische Zusammenhänge stiegen deutlich. Hauptschulen und Realschulen zögen den stärksten Gewinn, da der Wissenszuwachs dort am größten gewesen sei. Die Zahl jugendlicher Zeitungsleser verdoppele sich. Durch die Debatten in der Familie steige nicht nur das Interesse Jugendlicher – auch die Wahlbeteiligung der Eltern sei um durchschnittlich vier Prozent gestiegen.

Nicht alle Bremer Wahlexperimente glückten indes. 2014 hatte der Bremer Staatsgerichtshof einen „Bremer Sonderweg" zum Wahlrecht für EU-Ausländer als verfassungswidrig abgelehnt. Die Bremische Bürgerschaft hatte ein aktives und passives Wahlrecht von EU-Bürgern für die Bürgerschaftswahl zugelassen; damit hätten Ausländer erstmals in Deutschland ein Wahlrecht für eine Landtagswahl besessen. Zudem hätten nach dem Entwurf Zugewanderte aus Drittstaaten das Wahlrecht für Ortsbeiräte erhalten. Da die Bürgerschaft Zweifel an der Übereinstimmung des Gesetzesentwurfs mit der Verfassung hatte, legte sie ihn den Verfassungsrichtern vor, bevor das Gesetz auch in zweiter Lesung verabschiedet werden sollte.

Der Staatsgerichtshof entschied, dass zum Wahlvolk nur deutsche Staatsangehörige zählen. Daher sei der von der SPD, den Grünen und der Linkspartei gebilligte Gesetzentwurf nicht mit der Bremischen Landesverfassung vereinbar. Der Begriff des Volkes in Artikel 66 der Landesverfassung stimme überein mit dem Begriff des Staatsvolkes im Grundgesetz. Das Bundesverfassungsgericht hatte 1990 entschieden, dass nur Deutsche zum Wahlvolk zählen. Der Landesgesetzgeber habe hier keinen eigenen Regelungsspielraum und müsse die Vorgaben des Grundgesetzes beachten. Seit 1994 sind nach einer Grundgesetzänderung von 1992, die das ermöglichte, EU-Ausländer in Kreisen und Gemeinden wahlberechtigt. In Bremen dürfen so etwa 50.000 EU-Ausländer die bremische Stadtbürgerschaft (das Kommunalparlament) und Ortsbeiräte mit wählen. Der Anwalt der Bürgerschaft hatte argumentiert, in der bremischen Landesverfassung sei nicht festgeschrieben, dass das Wahlrecht für bremische Parlamente zwingend an der deutschen Staatsangehörigkeit hänge. Das hat der Staatsgerichtshof mit sechs der sieben Richterstimmen abgelehnt. Sechs von ihnen werden von der Bürgerschaft in Anlehnung an die Stärke der Fraktionen gewählt, fünf der sieben Richter sind Frauen. Der Staatsgerichtshof hielt auch die angestrebte Ausdehnung des Wahlrechts von Bürgern aus Drittstaaten für Ortsbeiräte für verfassungswidrig.

Neuigkeitskrämer

Modernstes Funkhaus Europas

Bremer nehmen vieles genau. Selbst das Stadtviertel wurde umbenannt, damit die neue Sendezentrale von Radio Bremen nicht im „Faulenquartier" sitzt, in der Ecke zwischen der Faulenstraße und der Weser. So strahlt das modernste Funkhaus Europas stattdessen vom Stephaniviertel aus – ein Sender, der mit der ersten Talkshow, mit Loriot, dem Beat-Club und mit einem Aufbegehren seiner Volontäre wegweisend war für andere Sender. Zudem war unter den Musikern des Tanzorchesters, mit dem am 23. Dezember 1945 der Sendebetrieb startete, als Bassist Hans Last dabei – später wurde der Bremer Junge als James Last mit nahezu hundert Millionen Tonträgern einer der bekanntesten Bandleader der Welt für Tanzmusik und Jazz. Oft sind halt die Kleinen flexibler. Und diejenigen, die ihre Historie kennen und achten: Radio Bremen war das älteste unter den sechs Gründungsmitgliedern des Verbundes öffentlich-rechtlicher Rundfunkanstalten in Deutschland – der ARD-Wegbereiter wurde im Juni 1950 in Bremen gegründet.

Dabei hätte eine tiefere Kenntnis der Historie helfen können, den Namen Faulenquartier zu behalten. Schließlich gelten den Urbremern nicht die Stadtmusikanten als das Bremer Volksmärchen schlechthin, sondern die „Sieben Faulen". Sie gestalteten ihre Tagesarbeit so wirksam, dass sie nur die Hälfte der Zeit anderer brauchten und dann in der Sonne sitzen konnten – andere vermeintlich Fleißigere nannten die Brüder falsch die Faulen, sie aber wurden wohlhabend. So waren auch manche anfangs grämlich, als der Bremer Unternehmer Conrad Naber ein Transparent vor seiner Fabrik aufhängte: „Nur Faulheit hilft uns weiter." Denn manchmal ist der Faule kreativer. Und erhält gar wie die Sieben Faulen in Bremen gleich einen Brunnen wie auch ein Haus nach sich benannt, beides in der Böttcherstraße.

Der frühere Radio-Bremen-Intendant Heinz Glässgen selbst schleppte Kartons und wurde dabei – sicher nicht ungern – fotografiert. Das neue Haus kostete 80 Millionen Euro – drei Viertel als „Geschenk" der ARD –, spart aber im Betrieb jährlich einige Millionen. Durch das Zusammenfügen von zwei Standorten, der Hörfunk war in Schwachhausen und das Fernsehen in Osterholz, wurden jeweils eine Kantine, eine Verwaltungszentrale, eine Fahrbereitschaft überflüssig. Der Kostendruck war Grund für das neue Funkhaus mit nun 17.000 Quadratmetern Fläche. Mit der neuen Regelung des ARD-Finanzausgleichs sanken die Einnahmen des Senders um ein Drittel – das Personal schrumpfte von 700 auf 400 Festangestellte. So ging mit dem Umzug einher eine umfassende Umstrukturierung – das Redaktionssystem war in dieser Form ohne Vorbild. Nun wurde eine Redaktion jeweils gleichzeitig für das Fernsehen, den Hörfunk und die Online-Redaktion verantwortlich. Das spiegelt sich im Neubau – drei durch gläserne Brücken verbundene Häuser – wieder. Dazu kam eine kostensparende Produktionsweise mit neuer Sendetechnik, für die alle Mitarbeiter geschult werden mussten. Alle Magazinbeiträge werden digital geschnitten; die Zeit der Magnetbänder war damit vorbei.

Die Antenne auf dem Dach sendet jeden Abend zwei Stunden lang das Regionalmagazin. „Buten un binnen" mit Nachrichten aus Bremen und Bremerhaven wird vor Orange-Rot gefilmt, der „Sportblitz" vor den Bremer Farben Rot-Weiß. Das Fernsehprogramm wird umschlossen von NDR-Sendungen: vor 18 und nach 20 Uhr wird dessen regionales Vollprogramm mit norddeutschem Akzent übernommen. An einem Wahlabend der Bürgerschaft wird die Ausstrahlung ausgedehnt.

Zudem trägt das Fernsehstudio bei zu den Vollprogrammen der ARD, von Arte, Phoenix, 3sat und dem Kinderkanal. Die Gesprächssendung „3 nach neun" und der Bremer Tatort heben sich immer wieder positiv heraus aus dem Sendungsallerlei. Ausgedehnter ist das Hörfunkprogramm von Radio Bremen mit vier Programmen. Bremen Eins bringt Reportagen, Berichte und Popmusik der letzten 40 Jahre; Nordwestradio in Kooperation mit dem NDR Informations- und Kulturradio aus Bremen und dem nordwestlichen Niedersachsen, unterlegt mit Klassik und Jazz; „Funkhaus Europa" in Kooperation mit dem WDR und dem rbb als „globales Heimatradio"; und Bremen Vier für jugendliche Zuhörer Hits aus den letzten zwanzig Jahren, Spaß und Infos. Eine Besonderheit bietet RB mit regelmäßigen Nachrichten in Plattdeutsch, das es als erstes deutsches Funkhaus seit 30 Jahren der Sprachminderheit bietet. So wird die Bundeskanzlerin „de Kanzlersche", Schnellfahrer werden „Verkehrslümmels" und Männer und Frauen zu „Manns- un Fruenslüüd". Als MP3-Download im Podcast werden die neuesten Nachrichten auf Latein geboten, wie im finnischen Fernsehen.

Ein Thema wurde nach dem Umzug zunächst verdrängt – die Zukunft des gut 60 Jahre alten Sendesaals, der unter Tontechnikern als „Stradivari unter den Konzertsälen" galt. Wegen seiner dank der Bauweise herausragenden Akustik wurden regelmäßig Plattenaufnahmen im Kultbau gemacht – neue Studiotechniken ließen das aber als nicht mehr notwendig erscheinen. Er steht auf dem alten Areal von Radio Bremen, das an zwei Investoren verkauft wurde. Seit 2009 betreibt der Verein Freunde des Sendesaales ihn und organisiert öffentliche Veranstaltungen, vor allem Konzerte. Wieder einmal hatte sich die Bremer Bürgergesellschaft bewährt.

Seit fünfzehn Jahren scheint das eigenständige Überleben von Radio Bremen ungewiss, drastische Kürzungen führten schon an den Rand des Möglichen. Seit dem Beschluss der Ministerpräsidenten 1999, den ARD-Finanzausgleich zu halbieren, hatte Radio Bremen das Personal um 40 Prozent abgebaut, die Produktion und Technik in ein Beteiligungsunternehmen ausgegliedert und die Redaktionen in das Sendehaus mit den modernsten Rundfunktechniken Europas zusammengelegt. Als Glässgen vom NDR nach Bremen abgeworben wurde, hatte kaum jemand auf ein Überleben des kleinsten Dritten Programms der ARD gesetzt. Er schaffte aber nicht nur das, sondern auch den Bau des Sendehauses und die neue Konzeption, die Journalisten für Fernsehen, Hörfunk und Internet in einem Raum zusammenbrachten. Die Kooperation mit dem großen NDR-Bruder in Hamburg wurde ausgebaut. Eine neue Dienstleistungsgesellschaft erstellte Fernseh- und Hörfunkbeiträge.

Der bremische Landesrechnungshof befand 2013 wiederum, die Existenz des Senders sei bedroht. Ein Sonderbericht sprach von einer extrem angespannten finanziellen Notlage. Im ARD-Vergleich weit überdurchschnittliche Einsparungen und Kostensenkungen reichten nicht. Radio Bremen könne durch eigene Anstrengungen nicht überleben. Da es zudem Präsenz im gemeinsamen Fernsehprogramm und damit überregionale Reichweite einbüße, verliere es Werbeeinnahmen. Versorgungsansprüche der Beschäftigten seien in Gefahr, weil der Sender Mittel aus dem Deckungsstock entnommen und höhere Risiken bei der Vermögensanlage zugelassen habe. Zudem habe Radio Bremen rechtlich unzulässige oder problematische Kredite aufgenommen. Grund der Unterfinanzierung sei, dass die Staatsverträge Rundfunkgebühren nicht bedarfsgerecht verteilten, sondern entsprechend den Einnahmen aus dem Sendebereich. Der Finanzausgleich für Radio Bremen und den Saarländischen Rundfunk war stark gekürzt worden.

Volochap twittert volorap

Schaut man auf Radio Bremen, so hebt es sich hervor durch kluge Initiativen, die bisweilen gegen den Strich der Rundfunkgewaltigen gingen – einst Loriot und jetzt Volontäre. Der

Showmaster Rudi Carrell hatte 1965 seinen ersten Vertrag mit einem deutschen Sender bei Radio Bremen, bis ihn größere Anstalten nach 27 Rudi Carrell-Shows wegschnappten. Gewagter noch war der Beat-Club, mit dem Bremen Eins jeden Samstagnachmittag in Emotionen der Sechziger schwelgte. Das Selbstbewusstsein der Moderatoren war nicht gering, als sie zum Auftakt sagten: „Guten Tag, liebe Beat-Freunde. In wenigen Sekunden beginnt die erste Show im deutschen Fernsehen, die nur für euch gemacht ist." Rasch wurde die erste Musiksendung mit englischsprachigen Interpreten im deutschen Fernsehen, ebenfalls 1965, zum Kult. Da die Öffentlich-Rechtlichen bis dahin englischsprachige Popmusik übersahen, wanderten hungrige Jugendliche ab zu den britischen und amerikanischen Soldatensendern oder Radio Luxemburg. Regelmäßig schalteten 63 Prozent der Deutschen unter 30 Jahren Beat-Club ein – eine zumindest heute phänomenale Zahl. Zudem begannen dort der Einsatz visueller Effekte bis hin zu psychedelischen Spielchen sowie der erste Jingle im westdeutschen Fernsehen, die erste Erkennungsmelodie; und eine kniefreie Moderatorin, was Kirchenzeitungen empörte.

Prägend war der 2013 verstorbene Talentsucher Dieter Ertel. Du sollst nicht langweilen: Diese Herausforderung, der er als Programmmacher und Dokumentarfilmer stets gefolgt war, sah Ertel nicht im Seichten, sondern im Anspruchsvollen. Zwei Glanzpunkte, auf die sich Radio Bremen noch immer beruft, waren seine Idee – vor mehr als vierzig Jahren. Er gründete mit „3 nach neun" die erste deutsche Talksendung, und Vicco von Bülow folgte seinem Freund mitsamt seinem grünen Sofa von Stuttgart nach Bremen. Den damals unbekannten Zeichner Loriot hatte der junge Ertel zum Fernsehen geholt. So wie er auch Harald Juhnke oder den Wissenschaftsjournalisten Horst Stern „fand" und einbrachte. Ohne den langjährigen Unterhaltungskoordinator der ARD sähe die deutsche Fernsehlandschaft ärmer aus. Ertel hatte das regionale Fernsehprogramm geprägt, den Spagat zwischen leichter Unterhaltung und kritischer Dokumentation sowie die zuschauerorientierte Haltung, die manchem Sender noch immer Leitbild ist. Ertel hatte dank seines Faibles für Comic-Zeichnungen ein Gespür für Loriot, den er bei einem Besuch am Starnberger See für das Fernsehen gewann. Deutschlands bekanntester Humorist sagte, wenn ihn jemand frage, wer Dieter Ertel sei, könne er nur sagen „ein Glücksfall".

Nun steht ein bronzenes Sofa vor dem Radiohaus, und darauf natürlich sein zerknautschter Mops. „Ein Leben ohne Mops ist möglich, aber sinnlos" war ein Loriot-Motto. Vom grünen Samtsofa aus (die Ikone der Fernsehunterhaltung steht im Eingangsbereich des Rundfunkhauses) moderierte von Bülow seine Sendungen. Viele der Fernsehsketche, die Loriot berühmt machten und so manche ernsthafte Deutsche entspannten, entstanden in den Siebzigern in einem Studio in Radio Bremen. So wurde der Sender bestürmt, als die Stadt einen Platz nach ihm benennen wollte. Der Platz vor der Kunsthalle solle zum „Das-Bild-hängt-schief-Platz" werden, schrieb der eine ins Gästebuch des Senders. Der andere wollte den Bahnhofsvorplatz „Saugblaserplatz" nennen. Der Vorschlag, den Parkplatz vor Radio Bremen Loriotplatz zu nennen, wurde verworfen, man entschied sich für einen Platz an den Wallanlagen. Dazu erhielt der Wahlbremer eine weitere Ehrung: Ein Wissenschaftler, der eine zwei Millimeter große Spinne in Laos entdeckte, benannte sie zur „Otacilia loriot". Sie sei so unauffällig, sagte der Forscher, wie das, das Loriot beschrieben hatte. Und es passt irgendwie auch zu Bremen, das auf das Kleine und Unaufdringliche setzt.

Oder auf die Jungen. Der NDR-Intendant Lutz Marmor konnte endlich Kritikern die Behauptung widerlegen, die von ihm geleitete ARD habe nicht genügend Mitarbeiter mit Zugang zum Denken der Jugend, um einen Jugendkanal angemessen zu gestalten: Sie saßen Ende 2013 in Bremen vor ihm. Und er konnte hören, was seine jungen Redakteure fordern: Mehr Substanz statt mehr Quote; mehr Mut zu unbequemen Formaten; längere investigative Dokumentationen statt „Polit-BlaBla-

Talkshows"; Sportarten zeigen, die sonst untergehen und die zehn Millionen Menschen mit Behinderung in Deutschland; und junge Menschen nicht immer als „cool, fresh, stylish" zeigen – das sei peinlich.

Fünf Volontäre von Radio Bremen hatten 140 Jungredakteure zum ersten Treffen je von ARD-Volontären samt Gästen aus Österreich und der Schweiz zusammengeholt, zumindest anfangs ohne Unterstützung ihres Senders. Motiviert hatte sie der Anspruch „Wir sind Eins". Die Idee zu einem Austausch über gemeinsame Anliegen und Sorgen kam nicht von oben. Als Marmor aber davon hörte, war er begeistert, sagte sich an und forderte sie auf, aufmüpfig zu sein. Ein Branchenmagazin befand, der Intendant spreche „beim Volontärstreffen der ARD so offen – das würde der ARD auch sonst gut zu Gesichte stehen".

Mit dem Treffen wollten die Volontäre dazu beitragen, „die Kleinstaaterei hinter uns zu lassen" und sich fragen, für welche Themen sich die junge Zielgruppe „wirklich" interessiere. Wie kann die ARD junge Formate bestücken, wie sollten diese sich anhören und anfühlen, wie könne Crossmedialität lebendig werden? Erfahren konnte von diesen Themen und der begeisternden Stimmung vor allem, wer Zugang zu Twitter hat. Für dieses war das Treffen eines der meistdiskutierten Themen des Wochenendes. Aber manches mochte für jene ohne inneren Zugang zur Sprache erst nach dem dritten Lesen verständlich sein – so der Satz „mein bester volochap twittert über volonap auf dem vololab pause volorap". Vololab war die Kurzform des Gesprächs, zu dessen Auftakt der bremische Bürgerschaftspräsident die jungen Journalisten im Bremer Presse-Club begrüßte. Deren Vorsitzender Theo Schlüter gab beim Treffen Hilfestellung, während die Teilnehmer das sonst nicht nur selber organisierten, sondern auch finanzierten.

Im Mittelpunkt stand, unter den Jungen kontrovers, die Debatte um den Jugendkanal. Manche fanden, es müsse anders als von ARD und ZDF geplant eher einen Seniorenkanal geben –

die Jugend brauche einen Platz im regulären Programm, um sie als Zuschauer zu halten oder zu gewinnen. Wenn es einen getrennten Jugendkanal gebe, sei zu befürchten, dass das Hauptprogramm „noch älter" werde. Dass das Programm zur besten Sendezeit sich Jüngeren mehr als bisher zuwendet, war von Intendanten und Programmdirektoren, die sprachen, nicht zu hören – Sportsendungen, Tatort und Eurovision richteten sich ja schon (auch) an junge Zuhörer. Sie neigten, glaubten ihre Zuhörer herauszuhören, eher zum Beschwichtigen und wollten am Vorgegebenen festhalten. Vielleicht, meinte jemand keck, müsse man, um die junge Zielgruppe zu erreichen, einen Piratensender innerhalb der ARD gründen.

Die Volontäre warben dafür, das Internet und die Nutzer der Medien stärker als bisher einzubeziehen, auch durch einen beständigeren Austausch mit ihnen. Da sei die englischsprachige Welt weiter als die deutsche Onlineszene. Der Wunsch der Jungen, Sender und Programm aufzupolieren, hieße nicht zwangsläufig, nur noch wie bei Twitter in Versatzstücken zu sprechen. Die Volontäre befanden bei ihrer Bremer Premiere, man solle im Hörfunk nicht mehr auf stündliche Nachrichten mit abgehackten Informationen setzen, sondern auf längere Hintergrundanalysen und Musikstücke, die nicht alle paar Minuten unterbrochen werden. Im Fernsehen solle man Talkshows durch „stärkere" Sendungen ersetzen: Also ein Eintreten der Jungen für das Konzept des Kulturradios, das viele ARD-Sender in den letzten Jahren immer stärker abschafften. Damit gab es in Bremen eine unerwartete Brücke zwischen den Jungen und nachdenklichen Älteren.

Depeschen

Sieben Jahre nach Gründung der ersten wöchentlichen Zeitung in Bremen dauerte es, bis der Rat der Stadt, die „Wittheit", beschloss, die „Ordinari Postzeitung" einer zensurierenden

Kontrolle zu unterwerfen – und dann noch zwei Jahre, bis diese einging. Immerhin haben die Bremer Zeitungshistoriker der Zensur auch Positives zu verdanken. Nur aus den Beständen der „Polizey-Direktion Bremen, Abteilung Druckschriften" sind in der Staatsbibliothek Exemplare von der „Neuigkeitskrämer. Ein Blatt für Jeden, der angenehme Unterhaltung sucht" erhalten. Immerhin zählten zu den Autoren der ebenso kurzweiligen wie mit zwei Jahren bis 1855 kurzlebigen Zeitschrift Autoren wie Goethe und Eichendorff.

Aus der von Astrid Blome und Holger Böning herausgegebenen Studie über 400 Jahre Zeitungen in Bremen und Nordwestdeutschland (eigentlich sind es bisher nur 385 Jahre) ist so manches Kurzweilige zu erfahren. So, dass in den wenigen erhaltenen regionalen Ausgaben aus dem Siebzehnten Jahrhundert keine einzige Zeile über Bremen stand: Lokalnachrichten waren nicht gefragt, die verbreiteten sich rasch genug auf dem Markt. Wie es also im Dreißigjährigen Krieg in Bremen aussah, las man 1627 nur in einer Hamburger Depesche mit Braunschweiger Ortsmarke: „Von Bremen hat man dass allda solcher Jamer und Ellend als nicht zu beschreiben dann von beeder theil Kriegsvolck auff dem Land alles verderbt werde und ein grosse Menge armer Leut sich in die Stadt Bremen begeben." Es brauchte lange, bis sich Bremen zu einem Verlagsort mit lebhaften und konkurrierenden Zeitungen entwickelte. Zweimal nur gab es solche Blüten: nach der Revolution 1848, als dort wie anderswo eine Zeitungslandschaft mit unterschiedlichster politischer Denkweise entstand, und zwischen 1890 und 1910, als sich fünf Zeitungen den Bremer Pressemarkt aufteilten. Ansonsten schien die Klage eines Buchhändlers um 1800 bezeichnend, Geschäfte seien beim kleinen Bremer Publikum und bei der Leseabstinenz der Kaufleute nur mit Bibel und Rechnungsbüchern zu machen. Freundlicher urteilte da 1840 Friedrich Engels über die Bremer Zeitung: Sie sei ein mit Takt redigiertes, referierendes Blatt, das sich eines bedeutenden Rufs erfreue – ihre westeuropäischen Artikel würden mit Geist geschrieben.

Auf zwei Säulen können sich Bremen zugewandte Zeitungsleser derzeit berufen – auf den Weser-Kurier täglich (auch sonntags) und einmal wöchentlich, ohne dass die meisten Leser das
merken werden, auf die Hamburger Wochenzeitung „Zeit",
letzteres allerdings nur im Zeitungskopf. 1974 erwarb der
Weser-Kurier nach hartem Verdrängungskampf die „Bremer
Nachrichten" – das Nachrichtenmonopol wird seitdem unter
den traditionellen Medien nur von Radio Bremen durchbrochen. Nur in der Schwesterstadt Bremerhaven gilt das nicht,
dort dominiert die Nordsee-Zeitung. Als der Weser-Kurier im
September 1945 erstmals erschien, war unter seinen leitenden
Redakteuren noch eine bewusste Vielfalt – neben einem Sozialdemokraten und einem Kommunisten auch, wie der damalige
Bürgermeister notierte, „ein Zentrumsmann und ein Demo-
krat" –, das waren Felix von Eckardt, der spätere Regierungs-
sprecher Bundeskanzler Adenauers, und Jürgen Tern, der später
Herausgeber der Frankfurter Allgemeinen Zeitung wurde. Als
bestimmend blieb, Bremen gemäß, die sozialdemokratische
Familie Hackmack übrig. Der Weser-Kurier zielte früher als
manch andere Regionalzeitungen auf spezifische Lesergruppen,
Frauen etwa und Jugendliche. In der Regionalberichterstattung
bietet sie weiterhin Lesenswertes – manches, was in Hannover hannoversche Journalisten zu verdrängen schienen, war im
Weser-Kurier früher und kundiger zu lesen. Auch der Weser-
Kurier verschwieg in seiner Frühzeit unmittelbar nach 1945:
Berichte über die Ermordung von 5.000 jüdischen Kindern in
Bremen oder eine Liste ermordeter Bremer Juden wollte man
seinen Lesern nicht zumuten.

Der zweite Zeitungsbote Bremens ist das Bremer Stadtwappen. Es war schon einmal, nach 1741, im Zeitungskopf
zu sehen in der „Bremer Wöchentliche Zeitung". Wenn der
Chefredakteur der „Zeit", Giovanni di Lorenzo, in Bremen ist,
berichtet er auch mal die Anekdote, warum die Hamburger
Wochenzeitung das Bremer Stadtwappen, den Schlüssel (Petri),
als Logo in seiner Dachzeile hat – der Hamburger Senat habe

die Nutzung des Hamburger Wappen-Tors nicht gestattet. Der Bremer Stadtarchivar Konrad Elmshäuser zitiert dann aus dem Brief der „Zeit" an den Bürgermeister Wilhelm Kaisen vom 31. Mai 1946. Dort hieß es, es sei für eine überregionale Zonenzeitung „nicht gut, das Wappen von Hamburg zu führen, durch das das Schwergewicht unserer Zeitung zu stark nach dem Osten des Gebietes verlagert" werde. Sie wolle in ihrem Zeitungskopf lieber ein Wappen führen einer Stadt, die „in der Mitte des Gebietes" der britischen Zone liege. Sollten Hamburger nun den Verweis des Flaggschiffs seiner Medienstadt auf die „Randlage" kontern mit dem Satz, Hamburg sei das Tor zur Welt, pflegen Bremer zu erwidern, Bremen habe den Schlüssel dazu. Ihren Lesern hat die „Zeit" den Wechsel ihres Logos etwas anders erklärt: Hamburg habe die Nutzung des Stadtwappens verboten, und man wolle einen unfruchtbaren Streit vermeiden. Bremen dagegen habe zugestimmt, und der „Wechsel eines Ornaments hat keinerlei Bedeutung für den Inhalt unserer Zeitung".

Presseforschung in Zettelkästen

„Ohne Medien wäre Antisemitismus nicht denkbar." Dieser Satz des Bremer Medienwissenschaftlers Michael Nagel dürfte nicht nur Journalisten aufschrecken. Holger Böning sowie Nagel erforschen am Bremer Institut für Presseforschung – das einzige universitäre Forschungsinstitut zur Geschichte der deutschen Presse – nicht nur Zeitungen und Zeitschriften, sondern auch, wie sich Medien und Gesellschaft wechselseitig beeinflussten. So stellten sie mit Wissenschaftlern aus acht Ländern Forschungen vor zu Judenfeindschaft und Antisemitismus über fünf Jahrhunderte. Schon theologische Flugschriften im sechzehnten Jahrhundert versuchten antijudäische Stimmung zu schüren – auch wenn es positive Ausnahmen gab wie die populäre Illustrierte „Gartenlaube", die Juden neutral bis positiv darstellte. Wer zur Propagandageschichte forschen will oder zur Pressepolitik Bismarcks, kommt an Bremen nicht vorbei. Es sei in den vergangenen vier Jahrhunderten, so der erste Satz eines Buchs des Instituts für deutsche Presseforschung, kaum ein Bereich vorstellbar, der nicht von der Presse seiner Zeit berührt oder beeinflusst wurde.

Zahllose Studien von der Exilpresse über Intelligenzblätter im deutschen Raum bis zur Volksaufklärung wurden in ihren Schriftenreihen veröffentlicht und im (Bremer) Jahrbuch für Kommunikationsgeschichte. Das Institut ist das älteste Forschungsinstitut der Universität Bremen: Die Hochschule wurde 1971 gegründet, das Institut schon 1957. Es verfügt über das umfangreichste Mikrofilmarchiv deutschsprachiger Periodika des 17. und 18. Jahrhunderts sowie bemerkenswerte Spezialsammlungen zur neueren deutschen Presse. Dennoch ist das Überleben des Instituts nicht gesichert – gespart wird immer wieder mal am falschen Ort.

Den Wissenschaftlern im vierten Stock der Universitätsbibliothek geht es nicht nur um das Sichern und Ausgraben von Vergangenem, sondern auch darum, deren Einfluss sichtbar zu machen auf die Gegenwart: Zeitungen haben nicht nur Antisemitismus geschürt, sondern auch zur Aufklärung beigetragen und die Gesellschaft der Moderne wie wenig anderes geprägt. Wie Aufklärung und Bildung langsam sich erweiterten, wiesen die Bremer nach am Beispiel einer Zeitung beim ewigen Rivalen Hamburg: Im Laufe des siebzehnten Jahrhunderts lernten deren Bürger – eine Schicht nach der anderen – Zeitung zu lesen. Im frühen 18. Jahrhundert gab es dann Zeitungen ausdrücklich für „den gemeinen Mann". Die nun besser informierten Bürger forderten Teilhabe an politischen Entscheidungen.

Schon 1980, als das anderswo wenig beachtet wurde, konnte der Standortkatalog der deutschen Presse in der Universitätsbibliothek 50.000 Titel deutschsprachiger Zeitungen an 2.800 Standorten nachweisen – das damals weltweit größte Forschungsinstrument dieser Art. Zu verdanken ist dieser

Schatz dem Bibliotheksrat Hans Jessen an der Staatsbibliothek, der von 1950 an viele Tausend Fragebögen sandte an Archive, Bibliotheken, Verlage, private Sammler, Klöster. So füllte er Karteikästen mit um die 300.000 Kärtchen und ließ Mikrofilme belichten. Zunächst verlorene Schätze in Königsberg, Breslau, Leipzig hatten ihn angespornt. Die Bonner Kommission für Geschichte des Parlamentarismus und der politischen Parteien hatte nach 1945 die Staatsbibliothek Bremen beauftragt, einen früheren Zeitungskatalog fortzuschreiben. Nachfolgern gelang es, wertvolle verschollene Bestände in einem Moskauer Archiv aufzuspüren. Schwierig ist die Quellenlage nicht nur, weil Zeitungen zumindest anfangs kaum aufbewahrt wurden, sondern auch, weil Deutschland in den ersten Jahrhunderten seiner Druck- und Pressegeschichte weder eine Nationalbibliothek noch eine Nationalbibliografie hatte.

Forschungswelten

Auge im Weltall

Wie in so vielem wollte Bremen bei der Universität einen Sonderweg gehen mit einer offenen, demokratischen Lehre und gesellschaftskritischer Orientierung. Das „Bremer Modell" – der Studienbetrieb begann 1971 – litt an mangelnder Anerkennung in der Wissenschaft wie im Berufsleben. Manche sahen Bremen als „linke Kaderschmiede". Daraus aber wurde eine Elite-Universität, die in der Exzellenz-Initiative und bei der Einwerbung von Drittmitteln in der Spitzengruppe deutscher Hochschulen liegt – Zeitungen sprachen vom „Wunder von der Weser". Nicht zufällig waren Bremen und Bremerhaven 2005 die erste „Stadt der Wissenschaft" – gegen 36 Mitbewerber. Die Bremer sollen Anteil haben daran: So bietet das Haus der Wissenschaft in der Innenstadt mit seinem Verein „Wittheit zu Bremen", ein Dachverband 80 wissenschaftlicher Vereine, allgemein verständliche Vorträge und Ausstellungen.

Dank der Exzellenz-Initiative gehen derzeit alljährlich viele Millionen Euro deutscher und europäischer Forschungsgelder nach Bremen, vor allem in die maritime und die Weltraumforschung. Bremen ist ein Zentrum der Raumfahrt und der Meerestechnologie – international, praxisorientiert, fächerübergreifend, experimentierfreudig. Nicht ohne Grund richtete die Forschervereinigung Cospar ihren weltweit größten Fachkongress mit 3.600 Weltraumwissenschaftlern 2010 in Bremen aus. Wer das wissenschaftlich begleiten will, geht zum

Technologiepark und Universität um den Fallturm herum

Raumfahrthistorischen Archiv Bremen auf dem Werksgelände von EADS, das Jahr für Jahr ein Buch zur Bremer Raumfahrtgeschichte veröffentlicht. Und wer das noch historischer will, kann auf das Spezialmaß LMR verweisen, das in der Raumfahrt und dem Flugzeugbau verwendet wird. LMR heißt ausgeschrieben „Length Measurement Roland" und ist so lang wie die Bremer Elle, etwa 55 Zentimeter: die Länge zwischen den spitzen Knien des Rolands auf dem Marktplatz, die Kaufleute einst zum Messen von Stoff verwandten.

Symbol der Universität ist ein 146 Meter hoher Fallturm des Zentrums für Raumfahrttechnologie, einzigartig in Europa. Für einige Sekunden herrscht in der Fallkapsel in der 110 Meter hohen stählernen Fallröhre Schwerelosigkeit – näher an der völligen Schwerelosigkeit denn auf der Raumstation ISS und genauer als vergleichbare Falltürme in Nordamerika und China. Jährlich kommt es dort zu rund 400 Abwürfen für Experimente von der Grundlagenforschung bis zur Entwicklung von Produkten. Dabei geht es um schnell ablaufende Prozesse auch in der Raumfahrttechnologie – Experimente im Weltraum auf der Internationalen Raumstation werden hier vorbereitet. Samstags und sonntags kann hier aber auch standesamtlich geheiratet werden – die Betreiber werben mit dem Ausblick auf den Technologiepark und das Naturschutzgebiet Blockland von der gläsernen Panorama-Lounge.

Dem siebten Himmel seien die Ehepaare dort näher, sagt die Werbebroschüre – aber doch nicht ganz so nah wie Satelliten und Raketen, die in Bremen von den Unternehmen OHB und Astrium entworfen und gefertigt werden. Seit 2013 könnten Satelliten vom Weltall aus Flugzeuge auch dann orten, wenn sie über abgelegene Ozeane fliegen, die nicht vom Radar erfassbar sind. Das Deutsche Zentrum für Luft- und Raumfahrt (DLR) in Bremen hat zusammen mit einem Schwesterinstitut in Braunschweig ein Gerät entwickelt, das spezielle Funksignale auffängt. Schon jetzt strahlt fast jedes Flugzeug mit Transpondern die Automatic Dependance Surveillance –

Broadcast aus, ADS-B-Signale, was von 2015 an für alle Flugzeuge vorgeschrieben ist. Der Satellit Proba-V der Europäischen Weltraumorganisation Esa, der aus 820 Kilometer Höhe vor allem die Vegetation beobachten soll, hat dieses Empfangsgerät an Bord. Der 23. Mai 2013, an dem es an der Proba-V in Betrieb ging, galt als Premiere einer weltweiten Ortung von Flugzeugen aus dem All. Die Daten erfassen neben den Positionen auch die Höhe und Geschwindigkeit der Flugzeuge. Sie wären für Fluggesellschaften nicht nur bei der Ortung von – äußerst selten – Abstürzen an unbekanntem Ort nützlich, sondern auch bei Flugrouten: In Regionen mit fehlendem Radarempfang, also über Ozeanen und in Ländern mit mangelhafter Infrastruktur, müssen Flugrouten in großer Distanz voneinander geführt werden.

Für eine umfassende und ununterbrochene Erfassung aller Flüge wären weit mehr entsprechend ausgestattete Satelliten erforderlich und ein breiteres Bodennetzwerk. Das 2014 vermutlich im Indischen Ozean abgestürzte malaysische Flugzeug, eines der großen Rätsel der jüngeren Luftfahrtgeschichte, habe man „nur um Minuten verpasst", sagte der Leiter der Forschungsgruppe am Institut für Raumfahrtsysteme. Nach den bisherigen Erfahrungen erfassen die Bremer von einzelnen Flugzeugen die Positionen fast ununterbrochen, bei anderen noch mit Unterbrechungen. Die Forscher wollen ihr System verfeinern. In die Praxis umgesetzt werden könnte es, wenn der amerikanische Satellitenbetreiber Iridium seine nahezu hundert Satelliten durch eine neue Generation ersetzt. Falls diese Empfangsgeräte einbauen, die ADS-B Signale auffangen und weiterleiten können, kostete das einige Hundert Millionen Euro. Dann wäre eine lückenlose Aufspürung aller Flugzeuge aus dem Weltall von 2018 an betriebsbereit. Ungewiss ist, wer die Kosten trüge – Luftfahrtnationen etwa oder Fluggesellschaften. Ein ähnliches Vorhaben planen die Bremer für die Ortung von Schiffssignalen.

Eiskante

Einfach war das Löschen des Frachters gewiss nicht: Stahlplatt-
formen und 250 Container wurden auf eine 18 Meter hohe
Eiskante gehoben und die 3.500 Tonnen dann über zwanzig
Kilometer hinweg mit Eisschlitten zur Baustelle gebracht. Die
deutsche Antarktisstation „Neumayer III" dient Polarforschern
und der Klimawissenschaft 25 bis 30 Jahre lang als Basis für
Leben und Arbeit. In Bremerhaven begann die erste Etappe der
Fahrt auf einem eistauglichen Schiff auf seinem 16.100 Kilometer langen Weg Richtung Südpol. Schon die Beladung mit
der teuren Fracht dauerte eine Woche. Die Station ersetzte die
1992 auf dem Schelfeis erbaute Eisstation Neumayer II, ebenfalls benannt nach dem Polarforscher Georg von Neumayer.
Deren Röhrenkonstruktion versank immer tiefer im Eis – nach
fünfzehn Jahren lag sie schon zwölf Meter unter der Eisoberfläche. Die Schneemassen erdrückten langsam die einst ellipti-
schen, dann platten Röhren. Bei der neuen – 68 Meter langen,
elf Meter hohen und 28 Meter breiten – Station soll das ver-
hindert werden durch 16 hydraulische Stelzen. Droht das Ein-
sinken, wird ein Bein gehoben und zur Stabilisierung Schnee
darunter geschippt. Die Bewegung der Station geht aber auch
in eine andere Richtung: Jährlich gleitet sie auf dem Schelfeis
etwa 200 Meter in Richtung offenes Meer.

Der zweistöckige Wohnbereich mit 15 Schlafräumen, La-
bors, Büros, Aufenthaltsräumen, einem Operationssaal und einer Sauna für die bis zu 40 Forscher beginnt in sechs Metern
Höhe – so können Wind und Schneetreiben darunter durch-
wehen. Anspruchsvoll war beim Entwurf und Bau vor allem die
Isolierung gegen Kälte, Tauwasser und extremen Wind. Dieser
kann bis zu 250 Stundenkilometer erreichen. Orkanböen in
Norddeutschland haben „nur" 130 Stundenkilometer. Der Bau
zeigt die technologische Fertigkeit nordwestdeutscher Firmen.
Den Rohbau fertigte der bremische Anlagenbauer J. H. Kramer,

die Innenisolierung die bremische Kaefer Isoliertechnik. Die Isolation sorgt dafür, dass trotz Schneeverwehungen und Kälte bis zu minus 50 Grad Celsius die Innentemperatur nicht unter fünf Grad Celsius sinkt. Die Außenisolierung hatte ein mittelständisches Unternehmen aus dem niedersächsischen Melle gefertigt. Es hatte in Windkanälen geprüft, dass die Stelzen und die auf dem Dach verankerten Antennen jeden Sturm überstehen.

Der Aufbau von Neumayer III zog sich über zwei arktische Sommer hinweg. Die Station ging 2009 in Betrieb als Flaggschiff der deutschen Antarktisforschung neben dem Forschungsflugzeug „Polar 5", das in Bremen stationiert ist, und dem Forschungseisbrecher „Polarstern". Die Polarstern ist eines der wenigen Schiffe, das im arktischen Winter die Antarktis bereisen kann. Auf ihren Antarktisreisen erforschten Wissenschaftler kaum zugängliche Gebiete auch der westlichen und der östlichen Antarktis. So ging es um Auswirkungen der Eisschmelze und des Klimawandels. Dabei entdeckten sie ein vor 120 Millionen Jahren entstandenes kontinentales Fragment zwischen der Antarktis und Indien von einer „bisher nicht vermuteten Größe".

Die Eisdicke in der Arktis haben Forscher mit einer in Bremerhaven entwickelten Sonde gemessen. Profil und Menge des Eises haben erhebliche Auswirkungen auf den Klimawandel: Während die Eisdecke in der Antarktis eher noch steigt, sinkt sie in den Nordpolarmeeren seit 30 Jahren beständig. Ein in Moskau erbauter Zeppelin trug die Sonde von der norwegischen Inselgruppe Spitzbergen aus über den Nordpol zur kanadischen Küste und dann zur sibirischen Arktis. Der Zeppelin löste mit seiner großen Reichweite und niedrigen Flughöhe und Geschwindigkeit die Schwierigkeit, in der zentralen Arktis zu fliegen. Die elektromagnetische Sonde ermöglichte, die Tiefe von oft nur zwei bis drei Metern dicken Eisschollen zu messen. Sie sandte zwei Laserstrahlen aus – eines reflektierte an der Eisoberfläche und eines durchdrang das Eis.

Getragen werden die Station, die Polarstern und der Polar 5 vom Bremerhavener Alfred-Wegener-Institut. Das 1980 gegründete Institut für Polar- und Meeresforschung wurde benannt nach dem Erfinder der Theorie der Kontinentalverschiebung, der 1930 im Eis von Grönland starb. Die mehr als 900 Mitarbeiter erforschen und messen den Klimawandel, Erdmagnetfelder, die Meeresbiologie, geologische Strukturen, die Erdgeschichte: Das älteste Eis, das sie bisher bei ihren Eisbohrungen fanden und untersuchten, ist 900.000 Jahre alt.

Zu den Institutsaufgaben zählt die Nordseeforschung einschließlich Untersuchungen zur Meeresverschmutzung. 2015 begann die Universität Bremen ein neues Forschungsprogramm, getragen von der Bundesregierung zusammen mit neun europäischen Staaten. Dabei geht es um Plastikabfälle im Meer. Wie gewaltig dies bislang verdrängte Problem ist, ist sichtbar an einer Zahl: einer von fünf bekannten Müllstrudeln in den Meeren, ein Müllteppich im Nordpazifik, hat alleine eine Ausdehnung von Frankreich und Deutschland zusammen – eine Million Plastikteile pro Quadratkilometer. Angela Merkel hielt das Plastikmüllproblem für so gewichtig, dass sie es auf die Tagesordnung des Gipfeltreffens der sieben wichtigsten Industrienationen im Sommer 2015 im bayerischen Elmau setzte – wichtige Daten dazu lieferten die Bremer Forscher.

Korallenriffe und Plastikmüll

Nicht nur Plastikmüll bedroht die Meere. Das Leibniz-Zentrum für Marine Tropenökologie (ZMT) kümmert sich um die Gefährdung von Korallenriffen und anderen Küstenlebensräumen der Tropen, um Folgen zerstörerischer Fischereimethoden und der Ozeanversauerung, um Gefahren durch Sauerstoffarmut in den Meeren und um die schädliche Zunahme von Pflanzennährstoffen im Wasser. Die Forscher am Bremer Zentrum widmen sich natürlichen Veränderungen ebenso wie der Widerstandsfähigkeit von Mangroven oder tropischen Fischgemeinschaften gegen menschliche Eingriffe. Tropische Küstenökosysteme gelten als besonders produktive, aber auch dank Verstädterung, Klimawandel und sorglosem Umgang besonders gefährdete Lebensräume. Von vergleichbaren Forschungsstätten unterscheiden sich die Bremer unter anderem dadurch, dass sie den Menschen als Teil des Systems begreifen – er ist nicht nur Teil der Probleme, sondern müsse auch Teil der Lösungen sein. So bezieht das ZMT die Sozialwissenschaften stets in seine Arbeit ein.

Wem nach karibischem Lebensgefühl ist, kann auf die Bahamas fliegen; oder im Labor des Zentrums als Biologe oder Techniker arbeiten. Dort steht bei tropischen Temperaturen ein kleines Becken neben dem anderen mit sprudelnden Düsen um Seegras, Korallen, Algen, Zierfische herum. In den Laboratorien registrieren und analysieren junge Forscher auch minimale Veränderungen der Strukturen mit Mikroskopen und hochauflösenden Kameras. Wenn hier Clownfische schwimmen, eine der in deutschen Aquarien beliebtesten Zierfische, dient das nicht dem Sehgenuss, sondern der Erforschung, wie sie leichter gezüchtet werden können – damit könnte umweltzerstörerisches Fischen in den Riffen verringert werden. Bisher stammen nahezu alle Anemonenfische in deutschen Aquarien aus Wildfängen. Es geht den Meeresökologen weniger um die Ästhetik von Zierfischen denn um Schutz und praktische Erkenntnisse.

Das ZMT kooperiert mit Marum, dem Zentrum für Marine Umweltwissenschaften an der Universität Bremen. Es beheimatet in einer riesigen Kühlhalle auf einer Länge von mehr als 150 Kilometern eines der weltgrößten Bohrkernlager mit Proben vom Meeresgrund eines internationalen Ozeanbohrprogramms. Das Deutsche Forschungszentrum für künstliche Intelligenz verfügt, einzig in Europa, über eine Testanlage für Unterwasserroboter, die Offshore-Windparks oder Erdgaspipelines prüfen und reparieren könnten. Das Max-Planck-Institut

Behütete Korallen im Scheinwerferlicht des ZMT-Labors

für Marine Mikrobiologie will erkunden, ob aus der Biomasse im Meer lebender Mikroorganismen Energie gewonnen werden kann. Und den rechtlichen Rahmen all dieser Vorhaben erkundet der Forschungsverbund für maritimes Recht der Metropolregion Bremen-Oldenburg. Zwei Fünftel aller Meeresforscher in Deutschland arbeiten in Bremen und Bremerhaven. Wie verflochten die Bremer Wissenschaft ist, zeigt die Gründungsgeschichte des ZMT in 1991: Der Anreger und Gründungsdirektor hatte ein Jahrzehnt davor das Alfred-Wegener-Institut für Polar- und Meeresforschung in Bremerhaven gegründet – die Spannweite reicht also von arktischen zu tropischen Temperaturen und Gefilden.

Wie praktisch orientiert das ZMT ist, zeigen viele Vorhaben. In Südafrika war 2015 eine Masterstudentin in Dörfern am Indischen Ozean nicht nur um zu forschen, sondern auch um in Gesprächen örtlichen Fischern zu helfen, ihre Fangtechniken mit dem Fischbestand und der Umwelt in Einklang zu bringen; auch bei ihr ging es um Plastikmüll, die erste Studie in jener Region. Ähnliche beratende Aufgaben haben Forscher zu Fischbeständen, Muscheln, Schildkröten vor Peru oder vor Costa Rica. An der Jordanischen Meeresforschungsstation in Aqaba waren gleich vier Doktoranden des ZMT, die den Stickstoffkreislauf im Korallenriff am Roten Meer und den Einfluss von Störfaktoren erforschten. Die grenzüberschreitende Forschung im Roten Meer hatte ebenso befriedende Ziele wie die Erforschung des Fischbestandes im Benguela-Strom vor Angola, Namibia und Südafrika. Fischerei vor den Küsten von Indien oder Indonesien bietet Millionen Menschen eine Lebensgrundlage – sie ist gefährdet. Das zeigt sich auch vor China – nach der Rodung der Mangrovenwälder konnten Giftstoffe ungehindert und ungefiltert Seegraswiesen und Riffe schädigen. Mit den Mangroven geht auch der Schutz der Küsten vor Taifunen und Wirbelstürmen verloren.

Als der Präsident der Indonesischen Forschungsgemeinschaft das Leibniz-Zentrum besuchte, traf er gleich mehrere indonesische Doktoranden am Zentrum. Das ZMT versucht, geschädigten Korallenriffen in einem indonesischen Nationalpark Starthilfe zur Wiederbelebung zu geben. Als die Bundeskanzlerin Angela Merkel das Tsunami-Frühwarnsystem in Jakarta besuchte, stieß sie auf Forscher des Zentrums für Marine Tropenökologie. Seit mehr als einem Jahrzehnt arbeiten beide Länder eng zusammen vor der Küste Indonesiens zur Bewahrung der Artenvielfalt oder zu den Folgen des Klimawandels. Dabei geht es dem Leibniz-Zentrum für Marine Tropenökologie wie andernorts darum, Ideen für ein Küstenzonenmanagement gemeinsam mit den Partnerländern zu entwickeln – ein wichtiger Schritt zur deutschen Forschungshilfe in Entwicklungs- und Schwellenländern.

Freie Forschung?

Der Streit um Affenversuche an der Universität Bremen bewegt über nahezu zwei Jahrzehnte hinweg Wissenschaftler wie auch Politiker. Bei den Versuchsreihen des Hirnforschers Andreas Kreiter geht es um die Funktionsweise des Gehirns – Wissenschaftler erhoffen sich Erkenntnisse für die Heilung der Epilepsie, der Schizophrenie und der Alzheimer-Erkrankung. Um die 1998 begonnenen Experimente gab es vielfaches juristisches und politisches Gerangel. Die Bremer Gesundheitsbehörde stimmte einer Verlängerung der Forschungsgenehmigung Ende 2014 erst zu, nachdem sie dazu vom Bundesverwaltungsgericht und davor vom Verwaltungsgericht und dem Oberverwaltungsgericht in Bremen gezwungen wurde: Die Versuche, so die Richter in Leipzig, hätten nie verboten werden dürfen. Die Gerichte mussten über Grundsatzfragen zur Freiheit der Forschung urteilen.

Von Beginn an gab es gegen die Versuche an 24 Makakenäffchen am Zentrum für Kognitionsforschung Proteste von Tierschützern. Kreiter erhielt Morddrohungen und wurde zeitweise unter Polizeischutz gestellt, sein Labor musste umziehen. Zweimal gab es Unterschriftenlisten gegen die Experimente – 1997 zeichneten 35.000 Bremer, 2007 vor der Wahl sogar 100.000. Der Landtag, auch die CDU, gab kurz vor der Bürgerschaftswahl 2007 dem Dringen nach und beschloss einen „geordneten Ausstieg". Die Gesundheitsbehörde verlängerte nach der Vorgabe des rot-grünen Senats die Erlaubnis vorerst nicht mit der Begründung, die Experimente seien ethisch nicht vertretbar – verlor dann aber vor Gericht. Bei diesen werden 15 Affen dünne Elektroden ins Gehirn eingesetzt, um das Zusammenwirken von Neuronen zu erkunden, zudem Goldringe in die Bindehaut des Auges, um Augenbewegungen zu verfolgen. Wissenschaftler und der Tierarzt, der sie monatlich untersucht, glauben zu wissen, die Belastung für die Tiere sei „eher gering".

Beim Streit zwischen den Parteien sowie zwischen Senat und Hochschule ging es um das Verhältnis von Verwaltung und Parlament, langfristig aber um die Freiheit der Wissenschaft und um das Ansehen Bremens als Wissenschaftsstandort. Es ging auch darum, warum der Senat sich über den Rat der Tierversuchskommission hinwegsetzte, die ebenso für eine Fortführung eintrat wie eine vom Bremer Senat einberufene internationale Wissenschaftlerkommission. Der Universitätsrektor sagte, der Staat dürfe Wissenschaft nicht bewerten. Wissenschaftsfreiheit als Grundrecht stehe über dem Tierschutz, der 2002 in die Verfassung eingefügt wurde als eines von mehreren Staatszielen. Der Präsident der Deutschen Forschungsgemeinschaft sagte, der Streit werfe „international wie national kein gutes Licht auf den Forschungsstandort Bremen" und gefährde das Ansehen Bremens als Wissenschaftsstadt. Gelernt haben einige politisch korrekte Politiker davon nicht: Die Debatten um Forschungsfreiheit fachten 2015 wieder auf mit der Novelle des Hochschulreformgesetzes – sie wollte die Wirtschaft zwingen, Einzelheiten der Zusammenarbeit von Hochschulen und Unternehmen und damit Betriebsgeheimnisse jedermann zugänglich zu machen.

Aufbruchstimmung

Das gewohnte Bild eines Universitätscampus – Studenten, die auf dem Rasen lungern, in der Mensa miteinander scherzen oder in Büchern blättern – findet man in Bremen-Nord kaum. Alles wirkt ebenso ruhig wie gediegen. Die englischsprachige „Jacobs University Bremen" ist einfach anders. Das besondere Konzept, die Aufbruchstimmung einer jungen Privatuniversität, die strikte Auswahl der Studenten, das grenzüberschreitende Studienangebot bewogen Klaus Jacobs, der „International University Bremen", die nach ihm umbenannt wurde, 200 Millionen Euro anzubieten. Das war die größte Spende, die je in Mitteleuropa eine Hochschule erhielt, und das 2006, nur sieben Jahre nach ihrer Gründung. Amerikanische oder britische Elite-Universitäten, an denen sich die Hochschule messen will, nicht irgendwann, sondern bald, können dagegen meist auf mehrere Jahrhunderte Tradition weisen. 2014 sagte nach dem Tode von Jacobs die Schweizer Jacobs-Foundation weitere 81 Millionen Euro zu, womit sie das Überleben bis mindestens 2017 sicherte. Zum Vergleich: Das Land Bremen trägt derzeit drei Millionen Euro jährlich bei, wobei es in der Anfangszeit kräftig half. Der Aufsichtsrat der Universität und die neue Hochschulpräsidentin beschlossen, unter dem Druck von Sparzwängen Studiengänge abzubauen und zusammenzulegen sowie beim Personal um ein Viertel zu sparen.

Zufällig ist hier niemand. Studenten – sie gehören zur Elite, um die sich Hochschulen in aller Welt bemühen – entschieden sich für sie in Konkurrenz zu „großen" Universitäten im Ausland. Sie mussten ein Auswahlverfahren durchlaufen mit Sprachtests, Prüfungen und einem Aufsatz. Eine hervorragende Schulnote ist dabei selbstverständlich, zählt aber weniger als die Persönlichkeit – weltoffen muss man sein, neugierig, mit einem forschenden Gemüt und vor allem leistungsbereit. Die finanzielle Lage der Familie zählte nur bedingt trotz der Studiengebühren von 20.000 Euro im

Studienjahr (was die Kosten nicht deckt) – niemand wurde aus Geldnot abgewiesen. Etwa die Hälfte der Studiengebühren wurde aus Stipendienfonds bezahlt. Das wurde aus der Not etwas zurückgefahren, zumal manche Absolventen abtauchten und ihre Kredite nicht zurückzahlten. Wer hier war, fand vor allem im ersten Jahrzehnt paradiesische Zustände für jene, die hart zu arbeiten gewillt sind. Auf jeden zehnten Studenten kommt ein Professor, auf vier Studenten ein Wissenschaftler – Verhältnisse, von denen Lernende an staatlichen Universitäten nur träumen.

Was ist für sie das Besondere in Bremen-Nord? Als Erstes weisen Studenten nicht auf Lernbedingungen, die englische Unterrichtssprache, herausragende Aussichten auf dem Arbeitsmarkt für Absolventen, sondern auf den „community spirit", den Gemeinschaftsgeist. Automatisch kommt der nicht bei 1.250 Studenten aus mehr als hundert Nationen. Nur jeder vierte ist Deutscher. Besonders viele stammen aus Osteuropa. An den Essenstischen – alle Studenten der Bachelor-Studiengänge leben und essen auf dem weiträumigen Campus – sitzen sie zumindest in den Anfangsjahren bunt gemischt.

Bei der Zuteilung der Räume achtet die Verwaltung darauf, bei Erstsemestern nie Studenten aus dem gleichen Land in einer der Studentenwohnungen gemeinsam unterzubringen. Jedes der vier Studentenwohnheime hatte schon nach kurzer Zeit eine eigene Tradition, das eine eher sportlich, das andere künstlerisch in der Gestaltung der Freizeit. Das ist nicht aufgepfropft – die Selbstverwaltung ist ausgeprägt. Studenten, nicht die Universitätsverwaltung entscheiden, welche Kunst an den Wänden ihres Kollegs hängt. In jedem wohnen als Leiter Mentoren. Sie sind nicht für Reparaturen oder Kleinkram zuständig – das tun die Studenten selber –, sondern Ansprechpartner für Probleme. Wer darüber hinaus in der Ferne – viele Studenten sind nur siebzehn oder gar sechzehn Jahre alt – Ersatzeltern sucht, findet eine Patenfamilie aus der Region.

Angloamerikanische Vorbilder sind überall gewärtig, nicht nur in der Sprache. Wer einem deutschen Studenten auf Deutsch einen Brief schreibt, muss mit einer englischen Antwort rechnen. Internationalität ist eine Leitlinie der Universität neben Exzellenz, Unabhängigkeit, enger Vernetzung zwischen Studenten, Dozenten und der Wirtschaft, sowie Fachüberschreitung. Diese sieht man schon in den Studiengängen und Seminarthemen. Technische, naturwissenschaftliche und gesellschaftswissenschaftliche Themen fließen ineinander. Lernende wie auch Lehrende arbeiten verzahnt miteinander in Forschungsprojekten. Studierende werden möglichst früh in die Forschung eingebunden. Sie lernen neben Lehrinhalten Forschungsmethoden und Präsentationstechniken. Dabei hilft, dass fast alle, meist jungen, Dozenten Auslandserfahrung oft auch in der Praxis haben. Dank der Privatuniversitäts-Rolle sind sie an Beamtenstatute und feste Regeln nicht gebunden. Öfter sind es begabte, von deutschen Hochschulen abgeschreckte Wissenschaftler, die in Bremen im umgekehrten „Brain Drain" ein Motiv zur Rückkehr sehen.

So verwundert kaum, dass fast jeder Studienabgänger sofort einen Arbeitsplatz findet. Die meisten indes lernen weiter an einem der Masterstudiengänge wie Physik der Sternteilchen, Erdölforschung oder Marine Mikrobiologie. In ihre Heimatländer zurück gingen bisher kaum Studenten. Wer gleich arbeiten wollte, bereicherte oft den Arbeitsmarkt der Region Bremen: Dank der Arbeitswut und der Entfernung des auf einer alten Bundeswehrkaserne gebauten Campus von der Innenstadt, siebzehn Kilometer, kennen manche ihre Gaststadt bis dahin wenig. Dabei kommt Bremen eher zur Universität als umgekehrt: Oft bietet das modernistische Hauptgebäude, das im Oberstock Bibliothek und Computerzentrum bietet, Veranstaltungen von großen Preisverleihungen bis zur Unterzeichnung von Staatsverträgen den Rahmen. Wer im auf Welthandel angewiesenen Bremen arbeiten will, findet bereitwillig Unternehmen. Sie loben internationale Gesinnung und Sprachfertigkeiten der Absolventen – gebildete Querdenker seien in zwei Welten zu Hause, ihrem Heimatland und in Deutschland.

In wenigen Jahren gelang es der Jacobs Universität, in ihrem Beirat und Vorstand illustre Namen der deutschen und internationalen Wirtschaft, Politik und Wissenschaft zusammenzubringen. Zu ihnen zählt der Hamburger Anwalt Christian Jacobs, Vorsitzender der Zürcher Jacobs Stiftung. Dessen Vater Klaus steckte einen Teil des Verkaufserlöses von Jacobs Suchards – Kaffeehandel und Schokolade – in die Jacobs Stiftung, einen anderen in den Aufbau des weltgrößten Zeitarbeitsunternehmens Adecco. Als er die Stiftung zusagte, wühlte das die deutsche Universitätslandschaft auf – etwas Vergleichbares hatte Mitteleuropa nicht erlebt. Bremen fühlt er sich verbunden, auch wenn er in die Schweiz umzog, weil seine Familie und sein früheres Unternehmen altbremisch sind: sichtbar schon am Hauptbahnhof, wo ein weißes Jacobs-Leuchtzeichen mit einem roten aufsteigenden Aroma über dem J prangt. Für die Universität kam die Hilfe gerade rechtzeitig: Das Startgeld des Landes Bremen für die als gemeinnützige Gesellschaft mit beschränkter Haftung organisierte Hochschule war, bei hohem jährlichen Defizit, nahezu verbraucht. Von den Altstudenten – 90 Prozent der Absolventen schließen sich dem Alumni-Club der Altschüler an – kann die Hochschule erst in etwa zehn Jahren namhafte Hilfen erwarten. Die Studenten verstanden und akzeptierten die Umbenennung: Schließlich tragen Universitäten wie Rice in Houston (Gründungspate der International University), Harvard und Stanford auch die Namen ihrer Stifter, und an diesen misst sich die Jacobs Universität.

Zu Wasser und in der Luft

Weser

Die Weser verbindet nicht nur die beiden Teile des Stadtstaates, sondern prägt auch Bremen wie Bremerhaven. Die auflagenstärkste Tageszeitung heißt nach ihr Weser-Kurier. Das Sammlermuseum für moderne Kunst nennt sich Weserburg – es steht am spitzen Ende der Halbinsel Teerhof inmitten der Weser. So gut wie jeder Bremer steht hinter seinem Bundesligaverein Werder Bremen – dessen Weserstadion liegt, wie ein Fanlied besingt, „Wo die Weser einen großen Bogen macht". Der Werder-Aufsichtsratchef Marco Bode sagt, der Verein sei „ein bisschen stolz" darauf, nicht wie manch andere Fußballvereine ihren Stadionnamen verkauft zu haben. Das Weser-Stadion sei, schreibt der Dramatiker und Werder-Fan Moritz Rinke, „eine der letzten Wunderstätten einer an Wundern armen Republik". Selbst Bremerhaven hieß noch bis 1947 Wesermünde.

Als Friedrich Schiller 1797 der Weser in den Xenien spöttisch ein herabsetzendes Epigramm widmete („Leider von mir ist gar nichts zu sagen; auch zu dem kleinsten Epigramme, bedenkt! gab ich der Muse nicht den Stoff"), empörte das aufrechte Bremer und führte zu Gegenepigrammen. Von den Gegenstimmen ließ sich Jeremias Gotthelf nicht abhalten und schrieb bald darauf zur Weser, er finde „das Aufheben, das man davon macht, drollig". Zumindest die Malerin Paula Modersohn-Becker schrieb ihrem Bruder, der „stete Weserblick ist eine Augenfreude", auch wenn das Wasser sie traurig mache. Die Weser gemalt aber hat die Künstlerin, der die Bremer nur wenige Meter vom Ufer entfernt ein nach ihr benanntes Museum widmeten, offenbar niemals.

Weniger geläufig ist auch Bremern der Begriff Weser-Korrektion. Dabei ist das Bemühen, die Weser schiffbar zu halten, seit dem Mittelalter eine lebenswichtige Aufgabe der Hansestadt. Nachdem der Fluss versandete, Verwilderung und Flusswindungen die Fahrt auch für Leichterkähne erschwerten, und Schiffe beharrlich größer wurden, wurde die Weser immer wieder durch Ausbaggern vertieft. 1880 lag der Tiefgang bei Flut bei 2,75 Meter – das wurde ausgebaggert auf fünf, sieben, dann acht Meter Tiefgang. Glücklich waren die Hansestädter nicht mit dem Ausspruch des Reichskanzlers Otto von Bismarck, der Geldhilfen dafür ablehnte mit den Worten, Bremen sei nicht eine Seestadt, sondern wolle es erst werden.

Seit fünfzehn Jahren planen der Bund und das Land Bremen, die Bundeswasserstraße Unter- und Außenweser wiederum zu vertiefen. Das sei unerlässlich, so das Bundesverkehrsministerium, damit Bremerhaven von sehr großen Containerschiffen unabhängig von Ebbe und Flut angefahren werden könne. Sonst würden beide bremische Häfen im internationalen Hafenwettbewerb ihrer Zukunftschancen beraubt. Noch aber darf die Außenweser zwischen der Nordsee und Bremerhaven vorerst nicht vertieft werden. Das Bundesverwaltungsgericht in Leipzig hatte eine Klage eines Naturschutzbundes ausgesetzt und dem Europäischen Gerichtshof vier Fragen vorgelegt. Das Luxemburger Gericht musste klären, ob das Großvorhaben mit der Wasserrahmenrichtlinie der Europäischen Union vereinbar ist. Dabei geht es um eine Versalzung der Wesermarsch sowie um Vogelschutzgebiete und europäische Flora-Fauna-Habitate. Nach dem Urteil, das auf Ausnahmen vom Verschlechterungsverbot wies, muss nun wiederum Leipzig prüfen, ob die Genehmigung der deutschen Behörden der Entscheidung des Europäischen Gerichtshof entspricht.

An der Außenweser und der Unterweser soll auf hundert Kilometer Länge der Fluss um einen Meter vertieft werden und so bis Bremerhaven Schiffstiefgänge von 13,80 Meter statt wie bisher 12,80 Meter ermöglichen. Umweltschützer befürchten, dass mit der Fahrrinnenanpassung ökologisch wertvolle Flachwasserzonen verloren gingen. Zudem behaupten sie, dass dank des Konkurrenzdenkens der Häfen eine Vertiefung der Weser eine Elbvertiefung zwangsläufig nach sich ziehe; diese aber wäre nicht nur teurer, sondern wirkte sich auch weit schädlicher auf die Umwelt aus. Von einer Weservertiefung profitierten vor allem, so Umweltgruppen, drei Unternehmen – ein Stahlwerk in Bremen, ein Kohlekraftwerk in Farge und eine Logistikgruppe in Brake. Brake ist dank Futtermitteln und Getreide der nach Wilhelmshaven und noch vor Cuxhaven und Emden umschlagstärkste niedersächsische Hafen. Beim angestrebten Ausbau geht es um die 65 Kilometer lange Außenweser durch das Wattenmeer, die auf einzelnen Abschnitten ausgebaggert und um 1,16 Meter vertieft werden soll, und um die 57 Kilometer lange Unterweser zwischen Bremerhaven und Brake (bis zu ein Meter Vertiefung) und zwischen Brake und Bremen (bis zu 0,65 Meter). Die Hafenwirtschaft hält die Vertiefung für nötig, damit große Containerschiffe unabhängig von Ebbe und Flut Bremerhaven und Frachter mit Futtermitteln und Erzen Bremen und Brake anlaufen können. Die klagenden Naturschützer sprechen von einer „Todesspirale", falls immer größere Schiffe die Weser befahren. Niedersachsen hatte der von Bremen gewünschten Weservertiefung zugestimmt. Die Grünen in der bremischen Regierungskoalition hatten sich gegen eine Vertiefung gesperrt, konnten sich aber nicht gegen die SPD durchsetzen. Diese sagt, die Vertiefung sei „unabdingbar", die Häfen seien Lebensgrundlage der Hansestadt. Der Eingriff in die Natur sei weit weniger dramatisch als an der Elbe – in der Weser gehe es nur um das Abhobeln von Bodenwellen auf dem Flussbett, was die Bagger in wenigen Wochen schaffen könnten.

Noch also können Weserdampfer unbehelligt von Baggern die Weser von Bremen bis Bremerhaven hochschippern. Das taten sie schon lange – Spektakuläres wie am Mittelrhein oder an Teilen der Donau oder der Elbe aber gibt es kaum zu sehen. Nicht einmal den Stadtwerder am linken Weserufer konnte man dazu zählen, obwohl dort vor mehr als hundert Jahren das erste offizielle FKK-Gelände Deutschlands eingeweiht wurde. Reiseführer der letzten zwei Jahrhunderte erwähnen nur zweierlei: die bremische Weser-Front vom Weserstadion bis zur Schlachte, die ihr früher gerühmtes Stadtgesicht durch Zerstörungen im Zweiten Weltkrieg und „Modernisierungen" – Parkhäuser statt Gründerzeitbauten und Speicherhallen – verlor. Und die lieblich-hügelige Gegend um Vegesack. Bemerkenswert ist jene Beschreibung des Bremer Kaufmannsgesellen Friedrich Engels in einem Brief an seine Schwester 1840 – andere Schriften des Autors wurden später berühmter und folgenreicher. Die Ausfahrt aus Bremen sei von der Weser aus sehr hübsch, links die Neustadt mit ihrem baumbepflanzten Deich, rechts die Anlagen des Walls bis hin zur kolossalen Windmühle. „Dann aber kommt die bremische Wüste, rechts und links Weidengebüsch, sumpfige Wiesen, Kartoffelpflanzungen und eine Masse Braunkohlfelder." Die „Vegesacker Schweiz" bezeichnete Engels als „die Oase in der bremischen Wüste". Nach den „Villen der Bremer Aristokraten" komme „wieder die alte Langeweile".

Hafen, Häfen

Einst, also bis zum 19. Jahrhundert, waren die bremischen Häfen Existenzgrundlage der Wirtschaft und der Kaufleute, die Tee und Kaffee, Wein und Holz aus China, Indien und Afrika brachten oder in die Ostsee verschifften. Weiterhin sind sie das Lebenselixier des Bundeslandes. Logistik – nach dem Autobau und der Elektroindustrie die drittgrößte deutsche Branche – ist, sagen Bremer, „an der Weser zu Hause". Sie beschäftigt in der Stadt 24.000 Menschen und 150.000 in der Region. Früher als andere – vor 50, 60 Jahren – konzentrierte sich Bremen darauf mit der Gründung der Deutschen Außenhandels- und Verkehrsakademie und dem heutigen Institut für Seeverkehrswirtschaft. Die Bundesvereinigung Logistik – der größte freiwillige Zusammenschluss von Fach- und Führungskräften aus Industrie, Handel, Dienstleistungen und Wissenschaft in Europa – wurde wie selbstverständlich in Bremen gegründet. Ebenso wie vor 125 Jahren mit Kühne & Nagel eine der größten Logistikunternehmen mit tausend Standorten in mehr als 100 Ländern. Auch wenn es seinen Hauptsitz in die Schweiz verlegt hat: Das Stammhaus bleibt an der Weser und wird bald ausgebaut. Bremen geht es um ein branchenübergreifendes Verflechten von Handel, Verkehr und Infrastruktur, um abgestimmte und damit kostengünstige Material- und Informationsflüsse, und um ständige Erneuerung. Bei der Einrichtung von Güterverkehrszentren war die Region Pionier. Wenn Bremen bei seinem Logistiktag „Intelligente Container" vorstellte oder neue Masterpläne für eine Logistik-Modellregion, besann es sich auf alte Fertigkeiten. In den Zeiten der Hanse, der sie vor 650 Jahren beitrat, gelangte die Stadt zu Wohlstand und Ansehen, weil sie vermochte, Warenströme von Salz, Fellen, Tüchern und Bier zu organisieren. Bei Baumwolle, Tabak, Tee und Kaffee gelang das Bremen besser und nachhaltiger als anderen Standorten. Beim Ausbau der Infrastruktur legen sich Bremer aber auch eigene Stolpersteine auf – bei der auch für Gewerbezonen geltenden Umweltzone etwa oder beim verschleppten Bau der Autobahn A 281.

Den Stellenwert der Häfen zeigt ein Satz des Bürgermeisters Wilhelm Kaisen zum Wiederaufbau nach den Zerstörungen im Zweiten Weltkrieg: „Zuerst die Häfen, dann die Stadt." Beim Ausbau der Seehäfen geriet und gerät Bremen an natürliche Grenzen. Als die Weser vertieft wurde, entstanden auf beiden Weserseiten neue Häfen – der Holzhafen, die Freihäfen, der Europahafen, der Überseehafen vor allem im letzten Viertel des neunzehnten Jahrhunderts. Später wurden Häfen für Industrie, Öl und den Schiffbau ausgebaut. Sogar einen Torfhafen gibt es. Von dort aus schippern nun sieben Torfkähne, Nachbauten historischer Holzboote, mit Chartergästen über Kanäle und Gräben ins Blockland oder gen Teufelsmoor. Wer vom Bremer Hafen spricht, meint meist Bremerhaven. Aber die Häfen in der Stadt Bremen, vor allem der Neustädter Hafen am linken Weserufer für Stückgut – Kohle, Erz, Getreide –, florieren, auch wenn das kaum wahrgenommen wird. In Vegesack im Norden Bremens war mit dem Becken für den Winterhafen der erste künstliche Seehafen auf deutschem Boden gebaut worden – zeitweise kam er unter schwedische Besatzung. Hier entstanden die Bremer Grönland-Companie, die Wale in der Antarktis fing, und die Vegesacker Fischerei-Gesellschaft, zeitweise der größte Heringsfischer in Europa. Der Schiffbau entwickelte sich – die Großwerft Bremer Vulkan baute erst Heringslogger, dann Fregatten für die Bundesmarine. Ihr Konkurs 1997 erschütterte Bremen und trug dazu bei, den Norden Bremens wirtschaftlich abzuhängen. Dennoch ist dort eine Oase mit dem Museumshafen Vegesack und dem Schulschiff „Deutschland". An der Unterweser sollten im Zweiten Weltkrieg Unterseeboote erbaut werden: Winston Churchill soll den Riesenbunker Valentin bei Rekum das achte Weltwunder genannt haben.

Nationale Aufmerksamkeit fanden bremische Häfen in jüngerer Zeit durch ein wiederum gewagtes Vorpreschen der Bürgerschaft. Diese verabschiedete ein Gesetz, das den Transport von Kernbrennstoffen über bremische Häfen verbot. Der Senator für Wirtschaft und Häfen sagte, damit werde „juristisches Neuland" betreten. Ein grüner Abgeordneter wurde noch kecker: Auch wenn „sich ein paar Juristen noch streiten, wollen wir unseren Willen politisch durchsetzen". Die CDU sprach von einem „einmaligen Vorgang in der langjährigen Hafenpolitik" und einer Aufkündigung des hafenpolitischen Konsenses. Das Hafenbetriebsgesetz ist das erste in Deutschland, mit dem ein Bundesland Atomtransporte zu beschränken versucht. Andere Bundesländer – Hamburg, Niedersachsen, Schleswig-Holstein und Mecklenburg-Vorpommern – kritisierten das als unsolidarisch und rechtlich fragwürdig. Der Bundesumweltminister schrieb der Bürgerschaft, Bremen sei nicht befugt, Regelungen zum Atomrecht zu treffen, Transporte gefährlicher Brennelemente würden nach EU-Recht abgewickelt. Das Gebot des freien Warenhandels innerhalb der EU werde ebenso verletzt wie völkerrechtliche Verpflichtungen und der Verfassungsgrundsatz der Bundestreue. Der Vorsitzende des Hafenausschusses gestand zu, rechtliche Bedenken seien nicht geprüft worden. Die SPD fühlte sich unter Druck ihres grünen Koalitionspartners und der Linkspartei, die dazu einen Volksentscheid anstrebte. Gutachten des Wissenschaftlichen Dienstes des Bundestages sowie der Bremer Handelskammer befanden, das Gesetz verstoße gegen Europa-, Bundes- und Landesrecht, zudem sei die Bürgerschaft unzuständig. Die Wirtschaft befürchtet, man wolle künftig zwischen guten und schlechten Gütern unterscheiden.

Pikant ist der Hinweis der Handelskammer, Bremen wolle sich von einer Verpflichtung drücken, im Gegenzug aber Bundessolidarität einfordern bei der Hafenfinanzierung und bei der Schuldentilgung. Der frühere Präses nannte keck eine Zahl: Sollte Bremen seine Häfen schließen, erspare sein Haushalt 60 Millionen Euro, dem Bund und den Ländern entgingen aber eine Milliarde Euro Steuereinnahmen. Die hohe bremische Verschuldung beruht nicht zuletzt auf Sonderlasten des Bundeslandes, vor allem ihren Hafenlasten. Bremen gibt jährlich 110 Millionen Euro aus für Instandhaltung und Betrieb der Häfen. Sie kommen der gesamten Bundesrepublik zugute – der Bund steuert aber nur zehn Millionen Euro jährlich bei. Dazu kamen Ausbauten wie die Kaiserschleuse (240 Millionen Euro), der Bau eines neuen Container-Terminals samt einem Schlepperhafen (440 Millionen Euro) und das Offshore-Terminal (200 Millionen Euro) – insgesamt eine Milliarde Euro bremische Haushaltsmittel im vergangenen Jahrzehnt. Mit diesen aufs Jahr umgerechneten weiteren hundert Millionen Euro jährlich ist das zusammengenommen ein Viertel des jährlichen Defizits der Bremer Haushalts.

Im Jahrfünft nach 1950 ersetzte der Bund 66 Prozent der Hafenlasten, in den Jahren bis 2004 immerhin noch 44 Prozent – von 2005 an nur noch 8,7 Prozent. Das beruht auf einem historischen Sonderweg. Den Fernverkehr – die Eisenbahn, die Kanäle der Binnenschifffahrt, die Bundesautobahnen – trägt ansonsten als nationale Aufgabe der Bund. Die Seehafen-Finanzierung aber wurde 1871 und 1919 nicht „verreichlicht", sondern dezentral organisiert und getragen – also ohne die sonst geltende fiskalische Äquivalenz zwischen Nutzen und Lasten. Dabei werden mehr als 90 Prozent des Handelsvolumens der EU mit Drittländern über Häfen, in Deutschland vor allem Hamburg und Bremen, abgewickelt. In den vergangenen beiden Jahrzehnten übernahm der Bund weitgehend die strategische Planung der Häfen mit nationalen Hafenkonzepten, nicht aber die Kosten. Bremerhaven etwa ist zentral für die gesamte deutsche Autoindustrie als wichtigster europäischer Umschlagplatz. Das kommt der Autoindustrie in Wolfsburg, Stuttgart, Ingolstadt und München zugute. In dieser Zeit ging die relative Steuerstärke der Seehafenländer zurück, derweil ein großer Teil des Steueraufkommens aus dem Betrieb der Seehäfen direkt beim Bund anfällt. Dieses Finanzierungsmodell verstoße, meinen Verfassungsrechtler, gegen das Verfassungsgebot der föderativen Gleichbehandlung der Länder.

Hafenlasten seien ein Grund für die extreme Haushaltsnotlage Bremens, so urteilte das Bundesverfassungsgericht 1992. Das müsse ausgeglichen werden. Weitere Gründe sieht Karlsruhe im wirtschaftlichen Strukturwandel – etwa der Werftenkrise in Bremerhaven – und im Mehrbedarf eines Stadtstaates. Das gilt für Bremen stärker als für andere Großstädte, bei denen Stadt und Umland zum gleichen Bundesland zählen. In Bremen zogen viele Wohlhabende in den Speckgürtel um. 30 Prozent der bremischen Lohn- und Gehaltsempfänger zahlt dank der Lohnsteuerkoppelung an den Wohnsitz seit 1971 Steuern an Niedersachsen. Bremen aber kommt für ihren Bedarf auf – den Nahverkehr, Theater und Oper, Hochschulen, Kliniken. In Bremen sammeln sich zudem viele sozial Schwächere der Region, für die wiederum der Stadtstaat aufkommen muss.

Das trug dazu bei, dass Bremen in seiner Finanznot erstickte und aus eigener Kraft nicht mehr heraus kann. Die Jahre der großen Koalition in Bremen zwischen 1995 und 2007 halfen nicht gerade. Großprojekte, die später scheiterten, wurden in jenen Jahren geplant und umgesetzt. Dabei ist Bremen „eigentlich" eher reich: Das in Bremen erwirtschaftete Bruttoinlandsprodukt pro Kopf liegt mit 138 Punkten fast an der deutschen Spitze beim Bundesdurchschnitt von hundert. Bremen ist wirtschaftsstark, aber nicht finanzstark. Mit Hinweis auf die bremische Gesamtverschuldung sagen Spötter, Bremen sei für Deutschland, was Griechenland für Europa sei. Eine von außen als Wunderlösung gepriesene Fusion mit Niedersachsen wäre nicht nur eine unhistorische Betrachtungsweise. Sie brächte auch kaum irgendeine Ersparnis und verlagerte das Problem nur von einer Hauptstadt in die nächste – Niedersachsen ist an einem Zusammenschluss mit Bremen daher nicht sonderlich interessiert. Das Grundübel ist aus bremischer Sicht nicht die Struktur, sondern die bundesstaatliche Steuerverteilung.

Immerhin: Wer über den Hafen Bremen spricht, spricht nicht nur über Finanznot und Hafenlasten, Versandung und den Ausbau der Überseestadt. Bisweilen geht es auch voller Nostalgie um Segler. Wer in Kleinanzeigen der Internetplattform Ebay stöberte, war überrascht: Zwischen Büchern, Küchengeräten und Trödel wurde eines der international bekanntesten Segelschiffe angeboten, die „Alexander von Humboldt". Der Anbieter, eine Bremer Werft, war erstaunt über das Interesse. Dabei lag der als Verhandlungsgrundlage genannte Preis von 750.000 Euro sichtbar über den sonstigen Preisen bei Ebay. Der 62 Meter lange Großsegler ist nicht mehr ein „fahrendes

Schiff", obwohl Unterboden, Außenhaut und Masten herge-
richtet wurden. So wird sie von 2016 an als Gastronomie- und
Hotelschiff vor der Flaniermeile Schlachte liegen, ein neues
Symbol der maritimen Seite Bremens.

Die „Alexander von Humboldt" – im Volksmund „Alex" –
wurde 1906 als eines von vier baugleichen Reserve-Feuerschif-
fen in Bremen gebaut. Bis 1986 wurde es auf der Nordsee und
Ostsee eingesetzt als Ersatz für Feuerschiffe, die just in der Werft
lagen: also rot gestrichen mit weißen Schriftzeichen. Nur eines
ihrer Schwesterschiffe gibt es noch, die Norderney I als Muse-
umsschiff in Wilhelmshaven. Die große Zeit der „Alex" kam
erst nach zahlreichen Umbenennungen 1988 mit dem Umbau
zur Bark, einem Segelschiff mit zwei großen und einem kleine-
ren Mast. Sie umrundete als Jugend- und Ausbildungsschiff für
Segler das Kap Hoorn und andere ferne Ziele. 300.000 Seemei-
len hatte sie seitdem zurückgelegt, teils auf den Spuren ihres
Namensgebers, des Naturforschers und Weltreisenden Humboldt. Dann aber waren Unterhaltskosten und Sicherheitsan-
forderungen zu hoch.

Schon zuvor hatte die bis dahin unauffällige „Alex" mit
genialem Werbevorgehen breites Aufsehen erregt. Als sie mit
Spendenmitteln 1988 als erster Dreimaster in Deutschland seit
der „Gorch Fock", also seit mehr als 50 Jahren, zur Dreimast-
bark umgebaut wurde, ward nicht nur ihr stählerner Rumpf in
Anlehnung an die Farben einer Bremer Reederei grün lackiert.
Auch die Segel wurden grün. Mit einem Großsegler mit grü-
nen Segeln, und nun der „Alexander von Humboldt", hatte die
Bremer Beck's Brauerei schon vier Jahre zuvor geworben. Die
Bieretiketten und das Werbelied „Sail Away", gesungen von Joe
Cocker, halfen, das Exportbier zur Weltmarke zu machen – Bier
und Barke schaukelten sich wechselseitig hoch.

Das Verkaufsangebot über Ebay war wieder ein solcher
Werbecoup. Es ebnete den Weg zum Verkauf auf konventionel-
lem Wege, nachdem auf sie so genügend Aufmerksamkeit gelenkt wurde – der Schiffsmakler gab zu, die Internet-Plattform

Bremens Stolz: Roland doppelt beschirmt

Sandstein-Lauben und Friese am Rathaus

Eingang zur Schatzkammer im Ratskeller

Bremer Stadtmusikanten in der Böttcherstraße

Wohnungen in der Überseestadt

Beflügelte Modelle: Rakete und Satellit am Flughafen

Kantine der Tabakbörse in der Überseestadt

Fernsehstudio: Verhörraum des Bremer „Tatorts" samt Arm

Heizungskeller im „Haus des Reichs", Finanzsenat

vor allem als Werbeträger zu sehen. Die Alex stand länger vergeblich zum Kauf, bis die öffentliche Aufmerksamkeit dank Ebay binnen zwei Tagen nahezu 100.000 Zugriffe brachte – nun liegt sie seit dem Sommer 2015 vorerst im Bremer Europahafen. Schon vorher war das Schiff auf Ebay zu ersteigern – nur in anderen Formen und Gestaltungen als Stempelbogen mit 27 Bordstempeln, als Buddelschiff in der Flasche, als Buch und als Souvenirmodell. Bei den Ebay-Kleinanzeigen war die „Alexander von Humboldt" der einzige Großsegler im Angebot – ausgestattet mit 25 Segeln, Unterkunft für bis zu 60 Mann und Tanks für 58 Tonnen Frischwasser.

Lebensretter

Zwischen Borkum und Ueckermünde in der Pommerschen Bucht, an Nord- und Ostsee, gibt es für schiffbrüchige Segler und Frachter 54 Rettungsstationen und 60 Boote. Unter ihnen ist mit der „Hermann Marwede" der größte Seenotkreuzer der Welt. 1910 gab es sogar 129 Stationen bis hin zu Nimmersatt (heute Nemirseta) in Ostpreußen. Sie erhalten keinen Cent Steuergelder, entsprechend der Bremen eigenen Bürgergesellschaft, nicht stets auf den Staat zu setzen. So gründete sich die Deutsche Gesellschaft zur Rettung Schiffbrüchiger 1865 in Bremen auf Anregung eines Journalisten – eine der ersten deutschen Bürgerinitiativen im eigentlichen Wortsinn. Am Weserufer gegenüber der Innenstadt hat sie ihren Hauptsitz, ihre Einsatzzentrale und eine Schule.

Dabei geht es den Rettungsbootleuten nicht nur um Brandbekämpfung auf See. Sie lernen in Simulatoren, wie sie mit Großschäden, Schwerwettereinsätzen oder Nebelfahrten in stark befahrenen Revieren umgehen. In Bremen sitzt unter Verantwortung der Seenotretter das „Bremen Rescue Radio" mit UKW-Seenotkanälen, nachdem die Deutsche Telekom ihre Küstenfunkstellen 1999 aufgab. Eine Tochtergesellschaft der

Seenotretter kümmert sich um eine Notfallleitstelle für Unfälle an Offshore-Windparks. Koordiniert werden Einsätze in der Seenotleitung. Dort können die Funker an Computern mit Welt- und Seestations-Karten Koordinaten der Seenotschiffe und der Havaristen erfassen und weitergeben, sobald der Ruf „Mann über Bord" kommt.

2014 retteten die etwa tausend überwiegend ehrenamtlichen Helfer 768 Menschen bei mehr als 2.000 Einsätzen oft unter Lebensgefahr. 2015 feierte die „DGzRS – Die Seenotretter" ihre Gründung vor 150 Jahren mit Ausstellungen, einem Festakt und dem Kongress des internationalen Dachverbandes der International Maritime Rescue Federation, der sich nur alle vier Jahre trifft. Bremen ist damit zum zweiten Mal Gastgeber der Seenotrettungsdienste weltweit. Wie angesehen die Seenotretter international sind, zeigte sich direkt nach dem Zweiten Weltkrieg. Die Alliierten legten Wert darauf, dass die Gesellschaft rasch wieder arbeiten durfte, zumal sie gemäß der Genfer Konvention „Freund und Feind" rettete, also abgeschossene Piloten beider Seiten.

Die Helfer retteten anfangs mit offenen Ruderrettungsbooten und Korkschwimmwesten, heute mit Seenotkreuzern und Dieselbooten, mehr als 80.000 Menschen oder befreiten sie aus lebensbedrohenden Situationen. Insgesamt blieben 45 Retter auf See. Von 2015 an werden die Kreuzer durch Neubauten ersetzt. Die Bauweise des ersten Motorrettungsboots nach dem Zweiten Weltkrieg, die 1952 erbaute „Bremen", wurde zum Vorbild für viele spätere: kentersicher, ein nach oben gewölbtes Walfischdeck aus Leichtmetall, ein aussetz- und rückholbares Huckepack-Tochterboot für flache Gewässer. Der Turm mit offenem Fahrstand ermöglicht den Rettern, in oft schwerer Witterung die See weit zu überblicken. Zudem ein Sprungnetz aus Perlon wie jene der Feuerwehren, damit Schiffbrüchige sich mit einem Sprung von Schiffen retten konnten. Nun liegt die „Bremen", außer Dienst gestellt und rückgetauft, als Denkmal an der Marina der Überseestadt.

Hilfe kommt von vielen privaten Spendern und den Teilnehmern des Kaufmannsfestes Eiswette, Bußgeldern aus Gerichtskassen oder Beiträgen der Schifffahrt. Ein Drittel sind Erträge aus Erbschaften. Es gibt erstaunlich viele Modellbauer, die sich speziell für Seenotrettungsboote interessieren und damit werben. Sogar im Senatssaal im Rathaus steht ein Spendenschiffchen – wenn ein Senator versäumt, sein Mobilgerät auf stumm zu schalten oder eine Vorlage zu spät abgab, muss er es füllen. Spender und Werber sind keinesfalls nur unter den Alten zu finden. Die beiden „Seenotrapper" BliggediBlowm und Reddich rapten, wie fast alle ehrenamtlich, ihr Lied „Was wisst Ihr über Wind und Wetter? Nicht so viel wie die Seenotretter!". Innerhalb weniger Tage hörten mehrere Hunderttausend Menschen auf YouTube und Facebook die beiden Kapuzenpulli-Träger an, wie sie am Hamburger Elbstrand rapten „Wir holen Dich von der Sandbank oder aus der Nebelwand". Dabei hatten schon früher andere Sänger die stillen Helden besungen – Godewind, Torfrock, Achim Reichel, Klaus Lage mit seinem „Volle Kraft voraus". Auch andere machen gerne aufmerksam auf die Seenotretter. Der deutsche Astronaut Alexander Gerst hatte 2014 auf seinem Flug zur internationalen Raumstation ISS eine Flagge der Gesellschaft dabei. Angela Merkel trug bei einer Schiffstour im Eisfjord Westgrönlands sichtbar die rote Wetterjacke mit Schriftzug, die ihr ein Vormann schenkte, noch bevor sie Kanzlerin wurde.

Offener Ring

1995 sind die ersten zwei einer nur zwanzig Kilometer langen Autobahn fertiggestellt worden, die im Bremer Norden einen Ring um die Hansestadt schließen und Häfen, Gewerbezonen und den Flughafen anbinden soll. Der Bundesverkehrswegeplan bezeichnete das als vordringlich. Zwanzig Jahre später ist die Bundesautobahn 281 sieben Kilometer lang. Die noch ausstehenden Abschnitte sollen eine Eckverbindung bieten zwischen den nordöstlich und südwestlich verlaufenden Autobahnen. Ein schier ewiger Streit lässt die bremische Wirtschaft an der Entscheidungsfreude der Politik zweifeln. Immer wieder verhandelten Gerichte, auch das Bundesverwaltungsgericht in Leipzig und das Bundesverfassungsgericht, über Anliegerklagen. Dabei geht es um einen Tunnel unter der Weser, auf den sich 2002 der Senat geeinigt hatte. Ein großartiger Erfolg sei das für das Land Bremen, für Verkehr, Stadtentwicklung und Umwelt, sagten damals Senat und Bund in einer gemeinsamen Erklärung. Gebaut aber wird auch gut dreißig Jahre nach den ersten Planungen nicht – den Abriss einiger Häuser wollen Kläger verhindern.

Die Leipziger Richter hatten nicht nur über Naturschutzgebiete und Anliegerinteressen zu entscheiden, sondern über die Historie: Welche Rechtswirkung hat eine Zusage, die der Senat 1993 abgab? Der damalige Bürgermeister sagt, der Beschluss des Senats aus SPD, FDP und Grünen sei weiterhin rechtlich verbindlich. Er fordert einen Runden Tisch (ein voriger war gescheitert), um Bürgerinteressen einzubinden. Der neue Umwelt- und Verkehrssenator lehnt das ab und will den Tunnelbau im Einschwimm- und Absenkverfahren vorantreiben. Die Bauweise (preisgünstiger als der zunächst geplante Bohrtunnel) erfordert, dass die Strecke näher an Wohngebieten liegt. Deren Bürgern hatte der Senat 1993 die andere Variante zugesagt im Ausgleich dafür, Hafenschlick in einer Deponie in Seehausen zu lagern. Dünner besiedelt als Seehausen mit 1.100 Bewohnern ist kaum ein anderer Stadtteil Bremens – aber die Bürger zwischen Kläranlage, Stahlwerk, Weser und Marsch wehren sich.

Mit der Straßenbahn zum Terminal

Der Flughafen Bremen hat gemessen an anderen deutschen Regionalflughäfen einige Besonderheiten. Unter ihnen ist eine

Straßenbahn, die im Fünfminutentakt direkt vor das Terminal führt und Fluggäste in die Innenstadt bringt. Mit diesen elf Minuten von der Innenstadt bis zum Terminal wirbt der Flughafen gerne: Er sei „Europas schnellster Abflughafen". Nur hier fänden Reisende in Deutschland einen internationalen Flughafen, der so nah an der Innenstadt liegt.

Zu den Besonderheiten zählt, dass für die Gründung des Flughafens gleich mehrere Daten infrage kommen. So hatte die Stadt als Träger der Flughafen Bremen GmbH für ihre Hundertjahrfeier ein Datum gewählt, das noch ein halbes Jahr vor der Gründung des „Bremer Vereins für Luftschifffahrt" im November 1909 lag. Dass dieser Verein seinen Sitz unmittelbar am Flughafen hat, ist in dieser Form einmalig in Deutschland. Der Verein besitzt als Flughafen-Gründungsmitglied immaterielle Sonderrechte und unterhält mit seiner Motorfluggruppe Luftsport vereinseigene Maschinen, die auf den großen Landebahnen starten dürfen, und eine Flugschule.

Zu einem Flugtag am vermeintlichen Gründungstag kamen nicht nur das Transportflugzeug „Beluga", eine Blériot von 1912, das legendäre Flugboot „Catalina" und alle 15 noch existierenden kunstflugtauglichen Doppeldecker der Baureihe „Fw 44 Stieglitz", sondern auch der Airbus A 380. Dies Geschenk von Airbus an den Airport Bremen dürfte ein einmaliger Besuch bleiben, nicht nur weil die 600 Sitze kaum gefüllt werden könnten: Die Startbahnen sind nicht lang und breit genug für beladene Großraumflugzeuge. Der Flughafen soll nach einem Beschluss des bremischen Senats von 1973 nur Kurz- und Mittelstreckenflugzeugen dienen, nachdem ein Jahrzehnt zuvor Pläne eines Großflughafens in Norddeutschland scheiterten. Daher musste der A 380 nach seiner Landung mit einem Schlepper aufs Vorfeld gezogen werden; dieser Schlepper musste unter Polizeibegleitung auf einem Tieflader aus Hamburg-Finkenwerder angefahren werden. Dabei ist das größte Flugzeug der Welt mit Bremen verbunden: Die Landeklappen werden im Airbus-Werk nahe dem Flughafen auf dem Neuenlander Feld –

ihrem zweitgrößten deutschen Standort – hergestellt, ebenso wie Flügel aller Großraumflugzeuge.

Bremen ist nicht nur einer der ältesten (und zudem subventionsfreien) deutschen Flughäfen noch in Betrieb, sondern auch einer der großen deutschen Standorte der Luft- und Raumfahrtindustrie und -forschung. So war auf dem Flugtag ein Nachbau der Focke-Wulf A 16 zu sehen, des ersten in Bremen gebauten Verkehrsflugzeuges aus dem Jahr 1924. Bremen ist zudem Sitz der Flugraumüberwachung Norddeutschlands. Am Flughafen arbeiten mehrere Hundert Angestellte der Deutschen Flugsicherung – Fluglotsen und Flugdatenbearbeiter. Die Flughafen Bremen GmbH schlägt sich gut dank der Verbindung von klassischem Linienverkehr, Touristikflügen und Billigfliegern – knapp drei Millionen Passagiere jährlich nutzen ihn. Lufthansa und seit 2007 Ryanair sind die mit Abstand größten unter den gut 15 Gesellschaften, die regelmäßig Bremen anfliegen. Die Lufthansa bildet zudem jährlich um die 200 Piloten an ihrer Verkehrsfliegerschule aus. Von Ende 2015 an sollen am Flughafen die beiden Forschungsflugzeuge Polar 5 und Polar 6 stehen, wenn sie nicht gerade über der Arktis oder der Antarktis kreisen. Seit 2012 können in Bremen als erstem deutschen Flughafen satellitengestützte Instrumentenanflüge durchgeführt werden. Das GBAS genannte System arbeitet mit GPS und mehreren Sendern am Flughafen, deren genaue Position vermessen wurde und anhand deren Daten das Flugzeug die eigene Position genau bestimmen kann.

Neben den Flugbewegungen bietet der Flughafen das Gewerbegebiet Airport-Stadt, dessen Beschäftigtenzahl schneller als an jedem anderen bremischen Standort wächst auf 500 Unternehmen mit 16.000 Mitarbeitern. Unter ihnen ist jedes fünfte ein Ingenieurbüro oder Produktionsbetrieb der Luft- und Raumfahrt, jedes vierte ist Existenzgründer und Start-Up. Zu ihnen zählen auch Große, neben Airbus der Raumfahrthersteller Astrium. Dazu trägt eine Vernetzung des Gewerbegebiets mit der Hochschule Bremen bei, die mit ihrem Zentrum für

Informatik und Medientechnologie und mit Wissenschaftsforen am Flughafen lockt als Hochschule der angewandten Wissenschaften.

Bremen erinnert gerne an seinen Flugpionier Wilhelm Focke, der am 30. September 1909 vor den Augen von Kaiser Wilhelm II. nahe Potsdam seinen Drachenflieger „Ente" hundert Meter weit flog und sicher landete. Ein Jahr später wiederholte er den erfolgreichen Flug in Bremen auf dem Neuenlander Feld. Wer der erste deutsche Flugpionier war, ist unter Luftfahrthistorikern umstritten. Berliner nennen Otto Lilienthal, der von 1891 an Gleitflüge von Hügeln aus unternahm und 1896 tödlich abstürzte. Hannoveraner berufen sich auf Karl Jatho, der mit einem motorisierten Flugdrachen 1903 in der Nähe Hannovers kurz abhob, die „wahrscheinlich erste motorisierte Flugmaschine der Welt". Nicht nur Bremer indes glauben, Focke habe mit seiner „Ente" und dessen Achtzylindermotor das erste flugfähige Flugzeug gebaut und geflogen. Sein jüngerer Bruder Henrich bewegte ihn, die „Ente" weiterzuentwickeln. Daraus entstand der Focke-Wulf Flugzeugbau mit zeitweise 37.000 Mitarbeitern, Grundlage für Bremen als Standort des Flugwesens. Henrich Focke wiederum gilt als Erfinder des ersten Hubschraubers – der FW-61 hatte seinen Jungfernflug 1936 auf dem Neuenlander Feld. Die legendäre VFW-614 war das einzige Verkehrsflugzeug mit Düsenantrieb, das komplett in Deutschland entwickelt und gebaut wurde. Dem robusten und kurzstartfähigen Tiefdecker für gut 40 Passagiere gelang es nicht, die deutsche Luftfahrtindustrie nach dem Zweiten Weltkrieg zu beleben.

Dass Wilhelm Focke zeitweise vergessen wurde, beruht auf seinem Streben zur Individualität, seinem Rückzug ins Private in den Jahren des Nationalsozialismus und seiner vielfältigen Begabung. Der Sohn des Begründers des bremischen Focke-Museums, des Bremer Landesmuseums für Kunst und Kulturgeschichte, erfand ständig neue Flugzeugtypen, besonders Wasserflugzeuge – aber nur in Skizzen. Zudem erfand er als

„Freund des Windes" Eissegler und Strandsegler, Segeljachten, erste Entwürfe von Doppelrumpfbooten (Katamarane), Gezeiten- und Windkraftwerke. Bekannt blieb Wilhelm Focke als Maler, der in Berlin freundschaftliche Beziehungen zu fast allen großen Malern und Galeristen pflegte, vor allem zu Max Liebermann – gerühmt wurden seine Pferde- und Reiterbilder. Neben Wind faszinierte ihn Bewegung; er hielt sie und seine Erfindungen in seiner Kunst fest. Der Pionier der deutschen Luftfahrtgeschichte starb 1974 im Alter von 96 Jahren. Wer sich dieser Fluggeschichte zuwenden will, kann das auf der Besucherterrasse in einem Museum zur Geschichte der Bremer Luft- und Raumfahrt tun – oder den Windkanal des Bruders Henrich in dessen Hinterhoflabor nahe dem Bahnhof sehen. Zeitweise standen das maßgeblich vom Bremer Raumfahrtunternehmen Erno entwickelte Spacelab am Flughafen und der einst in Bremen gebaute Doppeldecker Focke-Wulf Fw 44 und auch die Junkers W 33 „Bremen", mit der 1928 die erste direkte Ost-West-Atlantiküberquerung gelang.

Händler und Weltmarktführer

Roter Rettungsring, rotes Herz

Von den Garderobenhaken bis zu den Quittungsblöcken war alles genau abgestimmt als Teil eines Gesamtkunstwerkes: In den Hag-Cafés stimmten von Berlin bis Münster, Norderney bis München die Gestaltung und die Erkennungsfarben – schwarz, weiß und rot – überein. Ludwig Roselius, der vor gut hundert Jahren mit Kaffee Hag den ersten koffeinfreien Kaffee der Welt mit echtem Aroma erfand, war der Wellness-, Reformhaus- und Gesundheitsbewegung unserer Tage weit voraus. Er hat nicht nur modernes Unternehmertum geprägt, sondern als Förderer der Künste und der Architektur wie kaum ein anderer seine Heimatstadt Bremen.

Kaum ein Besucher lässt die Böttcherstraße aus, die kurze Backsteinstraße zwischen Rathaus und Weser, nicht nur wegen der beiden ineinander gehenden Museen, die Roselius schuf. Das eine, benannt nach seinem Gründer, sammelt mittelalterliche Kunst, darunter mehrere Porträts von Lucas Cranach. Zudem stellt es den Silberschatz der Bruderschaft der Schwarzenhäupter aus. Das Paula Modersohn-Becker Museum widmet sich dem deutschen Expressionismus. Das Gebäude gilt als Beispiel expressionistischer Architektur in Deutschland. Roselius hatte Modersohn-Becker, die Künstlerkolonie in Worpswede, Heinrich Vogeler früh „entdeckt" und gefördert. Als Kunstmäzen mit Materialhilfen, Erstausstellungen, Nachwuchsförderung und Überlassung von Ateliers war er ebenso perfektionistisch wie in seinem Unternehmertum. Sammeln war ihm zwar eine Herzensangelegenheit, er hatte aber auch die Werbewirkung im Auge.

Die Finanzmittel zur Kulturförderung – den Kunstsinn erbte der Sohn eines Kaffeehändlers von seinen Eltern – boten ihm sein Entdeckerdrang und sein Geschäftssinn. Schon als Einundzwanzigjähriger ließ er sich Kaffeemaschinen patentieren. Rasch gründete er Zweigniederlassungen in Europa und Amerika und beteiligte sich an Kaffeeplantagen. Er setzte auf Qualität, auf nur ein Produkt und auf einheitliche und erkennbare Gestaltung der Ware in einer Zeit, da Produkte meist unverpackt verkauft wurden. Mit der 1906 in Bremen gegründeten Kaffee Handels-Aktiengesellschaft (Kaffee Hag) stellte Roselius als Erster koffeinfreien Kaffee aus Kaffeebohnen her statt aus Surrogaten wie Feigen, Weizen oder Zichorien; zudem war er einer der ersten, der einen Konsumartikel zum Markenartikel wandelte. Seinen Mitarbeitern bot er helle Arbeitsräume mit Schreibtischen statt Stehpulten sowie Mittagessen für die gesamte Belegschaft. Bei der Personalauswahl zählte für ihn Begabung und Leistung, nicht Werdegang und Zeugnis. Vertraute seines Vaters rieten diesem vergeblich, den Sohn „weit weg" zu schicken, damit seine Reformen nicht den Erfolg des Unternehmens untergraben. Er aber formte innerhalb von zwei Jahrzehnten eine Gruppe mit Weltrang und Weltruf.

Der kantige, sendungsbewusste und rastlose Unternehmer gründete eine Bank, eine Fabrik zur Herstellung von Kaffeemaschinen, Verlage für Zeitschriften und Tageszeitungen, einen der ersten Pressedienste. Wie wenige andere war er innerlich gespalten. Seine Weltreisen verstärkten seine Heimatliebe zu Deutschland, dem er sich im Ersten Weltkrieg erst als Soldat und nach einer Verwundung als Kriegspropagandist andiente. Mit seiner Tatkraft verbanden sich Germanenkult und Glaube an einen nordischen Mythos mit Deutschen als Auserwählte. In der Kunst sah er einen Rettungsanker für nationales Denken nach der Kriegsniederlage. Dass er nicht dauerhaft mit Nationalsozialisten verknüpft war, beruhte auf Misstrauen Hitlers ihm gegenüber, nachdem Roselius zwar dessen Ideen stützte, Finanzhilfe aber 1922 nach dem ersten Treffen mit Hitler und wiederum 1930 ablehnte, und seinem Tod durch Herzversagen 1943. Die Einstufung seiner Böttcherstraße durch die Nazis als „entartet" traf ihn, von ihnen distanzierte er sich aber bis zu seinem Tod nicht. Die Straße sah er als Ort der Propaganda für die „deutsche Idee" und für ein nordeuropäisches Abendland.

Roselius war ein Pionier der Werbung und des avantgardistischen Designs, aber auch der Propaganda. Die Mär sagt, er habe im Ersten Weltkrieg im Balkan die gesamte Druckerschwärze aufgekauft und sie nur deutschfreundlichen Publikationen zugeteilt. Damals galt Produktwerbung gerade in Bremen als „unfein". Das Markenzeichen – erst ein roter Rettungsring, später ein rotes Herz als Zeichen „entgifteter" guter Verträglichkeit – behielt über viele Jahrzehnte Geltung: Kaffee Hag blieb unverwechselbar. „40.000 Ärzte" warben für das Getränk ebenso wie Max Schmeling. Roselius schuf zudem mit „dem Plantagengetränk" Kaba eine zweite Marke, die in Deutschland fast ähnlich bekannt war und Frühstücksgewohnheiten von Generationen von Kindern prägte. Die Idee erhielt er von Kaffeepflückern in Brasilien: „milder als Kaffee, aber kräftiger und herber als Kakao". Zur Fußballweltmeisterschaft 1982 warb Kaba als offizieller Ausrüster der Nationalmannschaft.

Das Organisationstalent zeigte sich beim schnörkellosen Eisenbeton-Bau der Stammfabrik am Holzhafen Bremens – er galt als technisch, sanitär und architektonisch mustergültig. Wie durchdacht das war, zeigte sich nicht nur bei der Fließbandfertigung, die Roselius aus Amerika mitbrachte, sondern auch beim Brandschutz. Damit schützte er nicht nur seine Mitarbeiter und Anlagen, er konnte auch Versicherungsprämien deutlich senken. Früh setzte Roselius auf Exporte. Für den Aufbau der Marke spannte er Mediziner und Pharmakologen ein, die bescheinigten, das Trinken beruhige die Nerven. Rasch wurde Kaffee Hag in den besten Hotels serviert, bei Zeppelinflügen, im Speisewagen und eben in seinen eigenen Hag-Cafés.

Beim Einzelhandel wachten Vertreter, dass Kaffee nie zu lange gelagert wurde, um Güte und Frische zu bewahren. Der Name blieb haften, die Weltgeltung aber schwand. Nach dem Auslaufen des Patentschutzes kamen Rivalen auf den Markt, im Zweiten Weltkrieg gingen Märkte, Markenrechte und Anlagen verloren. Die Firma wurde 1979 an einen amerikanischen Nahrungsmittelkonzern verkauft – dessen europäischer Hauptsitz aber blieb Bremen.

Mehr als ein Teehändler

Michael Schütte leitet in Bremen eine der traditionsreichen und großen Teehandelsgruppen, gegründet vor knapp 225 Jahren von seinem Vorfahren Johan Conrad Schütte. Dabei macht die Gruppe nur etwa ein Drittel ihres Umsatzes mit Tee und Kräutern. Hier sollte der Hort des Althergebrachten sein, sollte man denken, der seine 400 Teesorten von Yhong Cha bis zum handverlesenen Malventee vor allem an ausgewählte Einzelhändler verkauft, deren Kunden auf das Feine Wert legen. Weit gefehlt: Ein Großteil seines Tees geht an Discounter. Sie legen mehr Wert als der traditionelle Einzelhandel darauf, dass sie mit der strikten und komplizierten Lebensmittelgesetzgebung übereinstimmen. Ihr Bild soll nicht Schaden nehmen, auch nicht bei Zeitschriften, die sich auf vergleichende Tests konzentrieren.

Schütte begrüßt europäische Regeln etwa zu Pestiziden. Sie hülfen einem Mittelständler wie ihm, der sich gut anpassen kann und notwendige Sachkenntnis in seinem Hause besitzt. So beklagt er weniger eine Überfülle von Regeln denn unklare oder fehlende Gesetzgebung. Er sieht sein Unternehmen als Qualitätsgarant seiner Marktpartner, des Einzelhandels. Die wichtigste Aufgabe eines Teehändlers sei, dass seine Gruppe, die Joh. Gottfr. Schütte & Co. KG, seinen Abnehmern die Aufgabe abnimmt, Normen zu überprüfen und zu erfüllen. Das sei gleichwertig mit der Kernaufgabe, mit der ein Teehändler gemeinhin verbunden wird, der Entwicklung des sensorischen Profils seiner Waren, des Geschmacks und Geruchs, der Farbe, des Aussehens. Von anderen Händlern unterscheidet sich der Handel mit Tee und Kräutern – er kann nur schwer standardisiert werden. Daher spielen Computer und Mails nur eine untergeordnete Rolle. Wichtiger sind Reisen, Telefonate, Vertrauensleute in allen Ecken der Welt. Die erste Qualitätskontrolle ist die Auswahl des Lieferanten.

Die Ware wird beim Absenden kontrolliert und nochmals beim Eintreffen. Jeder Sack Zitronengras oder Hibiskus, Javanischer Nierentee oder Ringelblumen aus Ägypten ist durch ein Etikett rückverfolgbar. Sie werden in Zwanzig- oder Vierzig-Fuß-Containern verladen. Nur wenige Lieferanten bringen die Säcke auf Paletten in die Container – etwa Südafrika seinen Rooibostee weil Arbeitskosten dort so hoch sind, dass es zu teuer wäre, jeden Sack einzeln zu beladen. Container aus aller Welt treffen in seinem Lager nahe Bremen ein – dort reichen drei Mitarbeiter für eine große Lagerhalle. Die intensiven Gerüche in den Hallen merken die Mitarbeiter kaum mehr, allenfalls noch Curry und vor allem Minze, die in einem gesonderten Raum gelagert wird. Auch mit Hitze müssen sie umgehen: Die Temperatur in einem auszuladenden Container kann bei 70 Grad Celsius liegen.

Intime Warenkenntnis ist der Kern der Anforderungen an die Mitarbeiter. Juristen, Ingenieure, Betriebswirte braucht Joh. Gottfr. Schütte nicht, nur Groß- und Außenhandelskaufleute. Wichtig ist neben dem Gespür für die besondere Ware ein solides Englisch – fast jeder ist häufig im Ausland unterwegs. Auch wenn jeder sich auf Honig, auf Kräutertee oder auf Schwarzen Tee konzentriert – ihre Arbeit reicht vom Einkauf über Transport und Kontrollen bis zu Versicherungen und Verkauf. Bei einem so komplizierten Geflecht von Waren, Ländern und Kunden wäre das anders kaum machbar. Wer von den Mitarbeitern dann noch ein Gespür für das „ideale Geschmacksprofil" bei Originalware oder bei Teeblends hat, wird auch beim

Experimentieren eingesetzt. Die meisten Teesorten beruhen auf festen Rezepturen, die vertraulich sind und streng eingehalten werden. Das geschieht alles im Hauptsitz am Rande der Bremer Altstadt – dafür senden die Lieferanten beständig neue Warenmuster.

Gelagert in seinem Logistikzentrum werden vor allem Gewürze. Die „eigentliche" Lagerhalle ist das Schiff. Wenn die Ware in Colombo oder Kapstadt eingeschifft wird, wissen Mitarbeiter häufig noch nicht, wer sie abnimmt und wo es denn hingeht. Während die Container schippern, werden die Waren verkauft und bei Ankunft in Hamburg oder Bremen gleich an den Käufer weitergeleitet. Der Weitertransport geschieht meist mit Lastwagen. Die auf Massengüter ausgerichtete Bahn empfindet der Teehändler für kleine Fördermengen als zu wenig flexibel. Auch wenn er sich als Urbremer fühlt – Schütte ist Schaffer, mit das Edelste, was ein Bremer Kaufmann erreichen kann: In Hamburg landen mehr seiner Container an als in Bremen. Das hängt weniger mit seinen Entscheidungen zusammen oder den Kosten denn mit den Anlandungen der Schiffe. Hauptvorteil Bremens sind die Lagerkosten, die bei etwa der Hälfte jener in Hamburg liegen. Bremen hat mehr Platz. In Hamburg seien die Zollbehörde und die Veterinärkontrolle dagegen stärker problemlösungsorientiert als in Bremen.

Immer wichtiger wird für den Teehandel die Produktentwicklung und die Beschaffung und Bearbeitung der von der Tee-, Kräuter- und Gewürzindustrie benötigten Rohstoffe. Bei Aromatisierungen arbeitet die Gruppe mit allen wichtigen Aromaherstellern in Deutschland zusammen und für die Qualitätskontrolle mit Laboratorien. Das beginnt mit der Einbindung der Lieferanten in die Qualitätssicherung. Dazu kommt die Entwicklung eigener Prozesse, um den Geschmack bei Bearbeitungen zu wahren und zugleich die Haltbarkeit zu sichern. Für Grob- und Feinschnitte bei Teeblättern half die Gruppe bei der Entwicklung einer Dampfsterilisierungsanlage, mit der Keime schonend abgetötet werden. Insektenbefall, ein altbekanntes

Problem beim Früchte- und Kräutertee, wird ohne chemische Behandlung oder gar Bestrahlung bekämpft mit einer Druckentwesung: Druckkammern, die den Kammern zur Behandlung der Taucherkrankheit nachempfunden sind.

Der Euroschein ist aus Baumwolle

Bremen spielte stets eine herausgehobene Rolle in der Baumwollbranche. Die 1872 gegründete Bremer Baumwollbörse gibt den einzigen europäischen Preisindex für Baumwolle heraus. Sie veröffentlicht Bedingungen (Usancen) für den Handel mit Baumwolle und Chemiefasern, die fast durchgängig Grundlage des internationalen Großhandels sind. Das Schiedsgericht der Bremer entscheidet bindend bei Zwist etwa über Qualitätsmängel. Das Faserinstitut Bremen hat dank seiner Forschung und Prüfmethoden Weltruf für die wichtigste textile Einzelfaser. Große Herstellerländer wie die Vereinigten Staaten – zusammen mit China und Indien liefern sie zwei Drittel der Weltproduktion von Baumwolle – haben verlässliche Qualitätskontrollen. Westafrikanische Hersteller aber können sich die aufwendige Analysetechnik nicht leisten und leiden daher unter Preisabschlägen. Bei Streitigkeiten und Schiedssprüchen geht es oft um Millionen Euro Streitwert.

Bremische Häfen sind nicht mehr wie bis in die Achtziger neben dem japanischen Kobe größter Umschlagplatz für Baumwolle. Neben Antwerpen und Le Havre sind sie aber weiterhin führender Anlandeplatz in Europa. Baumwolle wird nicht mehr in Ballen befördert, sondern in Containern, die erst in der Spinnerei geleert werden. Daher hat sich die Qualitätskontrolle, die früher der Hafen übernahm, verlagert und zersplittert. Der Welt-Baumwollmarkt ist überschaubar, dabei ist der deutsche Anteil gering. 350 Millionen Menschen sind dank der Strauchpflanze beschäftigt – bis 1900 war die Baumwollindustrie die wichtigste verarbeitende Industrie der Welt. In Deutschland

Die Bremer Baumwollbörse zwischen Marktplatz und Domsheide

stand sie um 1900 an erster Stelle aller deutschen Industriebranchen. Ihre Bedeutung sank aber in den letzten drei Jahrzehnten durch die Krise der Textilindustrie. Ein Bremer Händler nennt den deutschen und europäischen Markt aufgrund der Verlagerung der Textilherstellung in Billiglohnländer ein Anhängsel des Weltmarktes. Unter den zehn bis zwölf international großen Händlern gibt es, neben einigen Agenten und kleinen Firmen, in Deutschland nur ein nennenswertes Handelshaus, die Otto Stadtlander GmbH in Bremen mit einem Jahresumsatz von 500.000 Ballen.

Alle zwei Jahre trifft sich seit den Fünfzigern die Baumwollwelt in Bremen zur Internationalen Baumwolltagung, begleitet von zahllosen Nebentagungen. Bisher konzentrierten sich die Händler, Produzenten und Forscher auf Qualitätsprüfungen,

144

auf die Harmonisierung internationaler Regeln etwa für die Länge (Stapellänge) von Fasern, der Reißfestigkeit, Reinheit und Farbe oder auf Biobaumwolle. 2014 stand beim weltweit größten Händlertreff in Bremen erstmals der Endverbraucher im Mittelpunkt mit seinen Erwartungen. Das empfanden die Baumwollhändler als Perspektivwechsel – es ging nun um Nachhaltigkeit in Produkten, textile Verarbeitung und Bekleidungsgebrauch. Dabei gehen nur 30 bis 35 Prozent des Verbrauchs in die Bekleidung, ein Viertel in Heimtextilien und das meiste in technische Textilien. Dazu zählen Geldscheine: Nicht nur für Bettwäsche, Pharmazeutika oder Gummi wird Baumwolle benötigt – auch der Euroschein ist aus Baumwolle. Er könne daher, so der Geschäftsführer der Bremer Baumwollbörse, „bedenkenlos gewaschen" werden.

Der DFB-Pokal kommt aus Bremen

Sechs Mal bisher haben die Spieler von Werder Bremen den DFB-Pokal gewonnen. Sollten sie auf dem Balkon des Rathauses unter den Pokal geschaut haben, werden sie den Bremer Schlüssel, das Wahrzeichen der Hansestadt, eingeprägt entdeckt haben. Der Pokal kehrte immer wieder mal an seinen Herstellungsort zurück. Er wird ebenso wie der Uefa-Pokal oder die Goldene Kamera in Handarbeit bei der bremischen Silbermanufaktur Koch & Bergfeld Corpus gefertigt. Als letzte Silberwarenmanufaktur in Deutschland stellt sie solche Unikate her – etwa den acht Kilogramm schweren vergoldeten Uefa-Pokal mit zwei Henkeln, Repliken der DFB Meisterschale – der „Salatschüssel" – oder den Champions League Pokal, den Europapokal der Landesmeister. Auch dieser hat wie jedes Stück aus der „Korpus-Werkstatt", etwa die Pokale bei den Formel-Eins-Rennen, den Bremer Schlüssel diskret eingeprägt. Pokalsieger bitten oft um eine originalgetreue oder etwas kleinere Kopie des Pokals samt der verarbeiteten Edelsteine für ihren Trophäenschrank. Die neue Meisterschale der zweiten Bundesliga hat einen Bergkristall in der Mitte. Beliebt sind auch detailgetreue Schiffsmodelle aus reinem Silber – da haben die Großjacht-Eigner aus Saudi-Arabien oder Russland kurze Wege, da sie diese gerne in der Bremer Lürssen-Werft bauen lassen. Der vielleicht aufwendigste Einzel-Auftrag für die „Gläserne Manufaktur" in der Überseestadt ist die Goldene Kamera aus Sterling-Silber mit einer Feingoldschicht. Damit die Übergabe gesichert ist, stellt Koch & Bergfeld Jahr für Jahr eine Kamera mehr als gefordert als Sicherheitsreserve her – 2015 zum fünfzigsten Mal.

Nach mehreren Eigentumsübergängen gibt es drei Nachfolgefirmen des 1829 gegründeten Traditionsunternehmens – die Korpuswerkstatt Koch & Bergfeld Corpus, die Besteckmanufaktur sowie die historische Gesellschaft mit der Gründerzeitfabrik, dem Stammsitz der Silberschmiede. Sie zählen zu den ältesten noch aktiven Silberwarenfabriken in Deutschland – wie die Silbermanufaktur Wilkens, ebenso Urbremer. Zu den Kunden der Besteckmanufaktur zählten früher der Norddeutsche Lloyd für seine Kreuzfahrtschiffe sowie Adelsfamilien – auch die Oberschicht im zaristischen Russland. Heute sind die Silberbestecke in den Residenzen der deutschen Botschafter in aller Welt zu finden, zudem in einigen Hotels der Oberklasse und an europäischen Königshäusern.

Koch & Bergfeld Besteckwerkstatt beansprucht, der einzige Hersteller der Welt zu sein, der eine komplette Stilgeschichte des Bestecks fertigt in massivem Sterlingsilber oder auch versilbert – Klassizismus und Jugendstil, Barock, Rokoko oder Art déco. Weit verbreitet ist weiterhin das Spatenmuster aus dem 16. Jahrhundert – hier fanden Adlige Platz, ihre Familienwappen eingravieren zu lassen. Auf zwei Schätze kann sich der Hersteller stützen – zum einen Prägewerkzeuge, die eine Nachproduktion auch kleinster Auflagen ermöglichen. Zudem 250 Folianten mit fast allen Entwürfen und Produkten des Tafelsilbers seit mehr als 175 Jahren und Entwürfen von Henry

Eine „Originalkopie" des DFB-Pokals in der Silberschmiede

van de Velde, Wilhelm Wagenfeld (dessen Werk ein nach ihm benanntes Museum in Bremen bewahrt) und Bernhard Hoetger.

Schutz in der Antarktis und der Oper

Wo auch immer komplizierte Arbeiten gefordert sind, taucht das Kaefer-Logo auf: in der Antarktis-Station Neumayer III; der Münchner Allianz-Arena; dem Elbtunnel; der „Freedom of the Seas" und anderen Kreuzfahrtriesen; der Orchestermuschel der Bayerischen Staatsoper; und in Airbus-Baureihen von 320 bis 380. Dabei geht es um Isolierung und um Schutz – in der Antarktis etwa um Heizung, Sanitäranlagen, Brandschutz und Energieerzeugung bei minus 50 Grad Celsius und Windstärken von über 12. Der stille Riese aus Bremen ist weltgrößter unabhängiger Anbieter bei Wärme-, Kälte-, Schall- und Brandschutz. Der Anlagenbauer ist in Hochtechnologieprojekte eingebunden bis hin zur Weltraumstation. Eigentlich sei Kaefer nur ein gehobener Anlagen-Bauer und Systemanbieter mit besonderer Fachkompetenz, sagte der 2015 verstorbene Norbert Schmelzle, der frühere Vorsitzende der Geschäftsführung. Aber er neigte wie das Unternehmen und wie die Bremer zur Untertreibung. Ertragszahlen nennt die Gruppe, in dritter Generation im Eigentum einer bremischen Familie, nicht. Dass sie gediegen sein müssen, belegt, dass sich das Eigenkapital in vier Jahren mehr als verdreifachte beim größten privaten Arbeitgeber Bremens.

Einem bremischen Unternehmen gemäß stand der Schiffsbau an der Wiege. Der Gründer Carl Kaefer hatte 1918 den Gedanken, Kühlraumwände von Schiffen mit Torf zu dämmen. Auch später trugen der Einsatz neuer Materialien und eigener technologischer Entwicklungen zum Aufstieg bei. Mit der Übernahme eines langjährigen Wettbewerbers wurde Kaefer Marktführer in der heimischen Schiffsausrüstung. Bei der

Schiffsisolierung ist Kaefer aktiv von Flusskreuzfahrtschiffen wie dem MS „Heidelberg" bis zu Superjachten. Auf Fregatten der Bundesmarine werden vollklimatisierte Munitionsschränke ebenso eingerichtet wie medizinische Operationsräume. Im Schiffsbau macht Kaefer „alles hinter dem Stahl".

Fünf Kernbereiche hat Kaefer mit einem Umsatz von 1,4 Milliarden Euro und 26.000 Beschäftigten in aller Welt – Industrieanlagen, Offshore, Schiffsbau, Baubranche und Luftfahrt. Dabei ist wegen des stärkeren Umweltbewusstseins in Europa in der Isoliertechnik der europäische Markt neben dem Mittleren Osten und Mittelasien deutlich größer als der in Amerika. Vor allem seit der Übernahme von zwei Unternehmen in den neuen Bundesländern stattet Kaefer zivile und militärische Flugzeuge, aber auch Hochgeschwindigkeitszüge und Straßenbahnen, aus. „Gesamtangebote" von der Planung bis zur Installation und Wartung geben Kaefer einen Wettbewerbsvorteil. In der Bauabteilung reichten Aufträge vom Tunnelbau über Hospitäler bis zu Tiefkühllagern und der Verlagszentrale des Süddeutschen Verlags. Auch dabei geht es um Innenausbauten und Brandschutz. Im Anlagenbau – der weitaus größten Sparte – zählt die Erdölraffinerie im emsländischen Lingen zu den großen Aufträgen, zudem der Bau der größten europäischen Gasverflüssigungsanlage im nordnorwegischen Hammerfest. Besonders gefragt ist die Kraftwerkserneuerung.

Blick aus dem Weltraum

Am Anfang stand eine Frau: Christa Fuchs übernahm 1981 die Firma Otto Hydraulik Bremen (OHB) mit fünf Beschäftigten. Sie baute den Reparaturbetrieb für die Bundesmarine rasch aus und stellte Schiffsbauteile her. Nach zehn Jahren arbeiteten bei OHB 150 Beschäftigte – daraus wurde unter ihrem Mann Manfred Fuchs mit der OHB System AG einer der drei größten europäischen Raumfahrtkonzerne. Weiterhin hält die Familie, ihr Sohn Marco leitet ihn nun, am börsennotierten Konzern etwa zwei Drittel der Aktien. Der bewusst geringe Bekanntheitsgrad lässt staunen.

OHB SE (nun: Orbitale Hochtechnologie Bremen und seit 2015 eine Europäische Aktiengesellschaft) sah sich lange als Nischenanbieter. Dazu gehört vor allem der Bau kleiner und damit preiswerterer Satelliten. Die Gruppe, die seit 2014 nach allerlei Aufkäufen einen zweiten Sitz in München hat, war an fast allen Raumfahrtvorhaben von Rang beteiligt von der Internationalen Raumstation ISS bis zur deutschen D-2-Mission. Sie entwarf mit „BremSat" 1994 den ersten deutschen Mini-Satelliten und seit 2001 das „SAR-Lupe". Das deutsch-französische Aufklärungssatellitensystem liefert hoch aufgelöste Bilder an Bodenstationen, die ebenfalls von OHB ausgestattet werden – die Superaugen könnten Kämpfer des Islamischen Staates IS in Syrien oder im Irak erspähen. OHB war beteiligt am Bau der Ariane-5-Trägerraketen. Die Europäische Raumfahrtagentur ESA gab den Zuschlag für den Ausbau des geostationären Kleinsatelliten „SmallGEO" an OHB. Damit erhielt die deutsche Raumfahrt den ersten Zuschlag der ESA seit 25 Jahren. Das Deutsche Zentrum für Luft- und Raumfahrt in Berlin sagte, über dieses Vorrücken des privaten Raumfahrtkonzerns in den internationalen Reigen der System-Hersteller für Nachrichten-Satelliten sei das Zentrum stolz. OHB wurde Ausrüster für die Raumstation ISS und für das europäische Stationsmodul Columbus. Weitere Großprojekte wurden der Wettersatellit Meteosat und die Zusammenarbeit mit der Deutschen Flugsicherung. Mit einem gemeinsam entwickelten System landete in Bremen erstmals in Europa ein Passagierflugzeug mithilfe eines Satelliten statt mit Bodensystemen. In der Versuchsphase wird das konventionelle Landesystem mit Sendern, die am Ende und am Rand der Landebahn stehen, parallel geschaltet; sie ziehen das Flugzeug auch bei schlechtem Wetter auf die Landebahn.

Marco Fuchs weist auf schlanke Hierarchien und auf volle Kapazitäten; OHB habe frühzeitig Trends erkannt etwa bei

Kleinsatelliten mit einem Schwerpunkt bei erdnahen und geostationären Satelliten. Es entwickelte BremSat gemeinsam mit dem Zentrum für angewandte Raumfahrttechnologie und Mikrogravitation der Universität Bremen – eine perfekte Symbiose von Industrie und universitärer Forschung. Das Deutsche Zentrum für Luft- und Raumfahrt als Großforschungseinrichtung des Bundes eröffnete 2007 im Technologiepark der Universität ein Institut für Raumfahrtsysteme, das zu 90 Prozent vom Bund und zu zehn Prozent vom Land Bremen finanziert wird. Das Institut wollte eine Lücke in der deutschen Raumfahrtsystemtechnik schließen mit seiner Konzentration auf die Systemtechnik für Raumfahrtsysteme und orbitale Systeme wie Satelliten. Mit Astrium, einer Tochtergesellschaft der EADS, und der OHB-Gruppe haben die zwei größten deutschen Raumfahrtkonzerne ihren Sitz in Bremen.

Bremen ist Zentrum der Raumfahrt in Deutschland: Endgültig klar wurde das mit dem Bau des Galileo-Systems, anfangs gegen erhebliche Widerstände aus den Vereinigten Staaten. Mit diesem will Europa unabhängiger werden vom amerikanischen GPS-System und einem russischen Rivalen. Die Europäische Union und die Europäische Weltraumorganisation ESA beschlossen gemeinsam ein europäisches globales Satellitennavigations- und Zeitgebungssystem unter ziviler Kontrolle. Eine Agentur mit Sitz in Prag steuert die Satelliten und Bodenstationen. Weltweit soll Galileo auch über Smartphones eine genaue Positionsbestimmung erlauben – für zivile Zwecke auf dem offenen Kanal bis auf vier Meter genau. Zudem wird Galileo der Luft- und Schifffahrt und dem Schienenverkehr zur Verfügung stehen sowie der Polizei, der Küstenwache, Friedenstruppen und europäischen Geheimdiensten. 30 Satelliten werden alsbald die Erde in einer Höhe von 23 Kilometern umkreisen. Zunächst 22 dieser 30 Satelliten hat die ESA bei OHB bestellt. Astrium wiederum sollte die Träger-Rakete Ariane 5 für die Starts vorbereiten – beide Großaufträge also gingen nach Bremen.

Europas Ticketverkäufer

Nicht alle erfolgreichen bremischen Unternehmer entstammen Traditionsfamilien in zweiter oder dritter Generation. Dafür ist Klaus-Peter Schulenberg ein Beispiel. Er begann als Plakatkleber und gründete als Siebzehnjähriger mit geliehenen 10.000 Mark seine erste Firma. Mittlerweile ist er Großaktionär von CTS Eventim, Europas größtem Verkäufer von Eintrittskarten, und Eigentümer/Betreiber zahlloser Unterhaltungsstätten – in Berlin etwa Pächter der Waldbühne und Eigentümer des Tempodrom. Das Tempodrom nahe dem Potsdamer Platz übernahm er einen Tag vor der geplanten Zwangsversteigerung mit seiner privaten Unternehmensgruppe KPS, nicht über den am S-Dax notierten Tickethändler und Konzertveranstalter CTS Eventim. Er sicherte zu, dass der 2001 erbaute futuristische Kuppelbau als Aufführungsort für Künstler erhalten bleibe. Zur KPS, die ihren Sitz zwischen Altstadt und Bahnhof hat, zählen Druckereien, Anzeigenblätter und Zeitungen (Weser-Report), Immobilien, Call-Center auch für große Konzerne von Ikea bis Siemens. Sie organisiert zudem Messen und Konzerte. Die Künstler, die KPS unter Vertrag hatte, reichen von Michael Jackson und Elton John bis zum Gewandhausorchester Leipzig.

Schulenberg war als Jugendlicher Rockmusiker, bevorzugt aber mittlerweile Kammermusik. Im Alter von 19 Jahren „entdeckte" er den damals unbekannten Musiker Bernd Clüver, den „Jungen mit der Mundharmonika", wurde sein Manager und finanzierte damit sein Jura- und Volkswirtschaftsstudium. Mit 23 Jahren hatte er als Konzertveranstalter 35 Angestellte, sein erstes Konzert mit den Rolling Stones in Bremen organisierte er im Alter von 26. Außerhalb Bremens ist er vor allem durch CTS (Computer Ticket Service) Eventim bekannt, das er 1996 übernahm.

Durch einen Börsengang, Übernahmen von Konzertagenturen und Internetportalen und vor allem einer neuen Ticketing-

Software wurde er zur führenden Kartenverkaufsgruppe Europas. Sie erzielt in 19 Ländern einen Umsatz von 700 Millionen Euro (2014) – nicht nur mit dem Verkauf von Eintrittskarten für 150.000 Veranstaltungen, sondern auch durch eigene Konzerte, Eventreisen und eigene Spielstätten wie dem größten Veranstaltungsort Italiens in Mailand. Weltweit erstmals in dieser Form verband Eventim Liveveranstaltungen wie die Konzerte Herbert Grönemeyers und Kartenverkauf – eine attraktive Wertschöpfungskette. Auch an „Holiday on Ice" ist CTS hälftig beteiligt. Dabei machte der Verkauf der Karten zur Fußballweltmeisterschaft 2006 in Deutschland, die Fifa und das Organisationskomitee ihm übertrugen, ihn bekannter. Wie es sich für einen Bremer gehört, interessieren ihn eher Geschäftszahlen und Gewinne (die ihn rechnerisch zum Milliardär machten) denn Stars, Fotos und Glanz.

Markenpapst

Josef Hattig hat gleich zwei der wichtigsten Unternehmen Bremens geprägt und umgekrempelt – die Beck's Brauerei und dann die Bremer Lagerhaus-Gesellschaft (BLG). Nicht nur dank seines Alters – er dürfte mit damals 80 Jahren der älteste Aufsichtsratsvorsitzende eines großen deutschen Konzerns gewesen sein – ist er eine Ausnahmeerscheinung. Welcher Manager zitiert schon am späten Abend Homer oder den satirischen Dichter Robert Gernhardt und sagt, Bildung sei wichtiger als Bilanzen? Und wer hat einen solchen Lebenslauf vorzuweisen – der Sohn eines kinderreichen katholischen Werkmeisters aus dem Ruhrgebiet, der Flugblätter gegen Nationalsozialisten verteilte, holte sein Abitur im Abendgymnasium nach und studierte Jura. Alfred Herrhausen, der ermordete legendäre Vorstandsvorsitzende der Deutschen Bank, erkannte sein Talent und schlug ihn vor als Geschäftsführer einer Landbrauerei in Bremen.

Aus dieser Zeit kommt Hattigs Ruf als „deutscher Markenpapst". Er setzte die Markenpflege erfolgreich ein in dem Vierteljahrhundert, in dem er als Geschäftsführer Beck's zur führenden deutschen Exportbrauerei umwandelte – sie liefert in 120 Länder. Zu seinen Ideen zählt der Dreimaster mit dem grünen Segel, der für Beck's wirbt, und das von Joe Cocker gesungene Werbelied „Sail Away". Das Logo der Brauerei auf Etiketten ist ein rotes Wappen mit einem weißen Schlüssel – ähnlich dem Bremer Stadtwappen. Der Senat wollte nicht mit Alkohol in Verbindung gebracht werden und verweigerte eine originalgetreue Nachbildung. So spiegelt Beck's den Schlüssel im Wappen vertikal, damit konnten die Senatoren leben.

Die Marke ziehe die Brauerei, nicht umgekehrt, war Hattigs Devise. So war die Stiftung eines Lehrstuhls für innovatives Markenmanagement an der Universität Bremen folgerichtig. Seinen Anregungen war zu verdanken, dass ihr Ruf sich vom Bild einer „roten Kaderschmiede" zu einem Zentrum der Exzellenz wandelte, auch dank der Ansiedlung von Gründerunternehmen um die Hochschule herum. Aufstieg durch Bildung war ihm Leitbild. Er teilt aus – bei Politikern verdrängten Sprechblasen oft die Ergebnisse, sagt er, viele Unternehmer übersähen, was gesellschaftlich um sie herum geschehe. Noch mit 80 Jahren lief „der Senator", wie ihn Freunde gerne necken, regelmäßig zehn Kilometer und spielte Fußball. Und mahnt bis heute, man müsse nicht auf jede Gefälligkeit aufspringen, auch mal Ellenbogen zeigen und die richtigen Fragen stellen; und aufpassen, dass Unternehmen nicht zu groß und damit bürokratisch und selbstgefällig werden.

Die Stadt an der Weser hat Hattig ebenso geprägt wie er Bremen. Er birst von Energie und Zuversicht – freidenkerisch und ein Mann klarer Worte. Als Präses der Handelskammer – das kommt in Bremen in Einfluss und Ansehen direkt nach dem Bürgermeister – und scharfzüngiger Ordnungspolitiker wechselte er in die Politik, weil Bundeskanzler Helmut Kohl ihn an seiner Ehre packte. Zwischen 1997 und 2003 war er für

Beck's Bier selbst in der Weinbar Paradiso im Viertel

die CDU unter einem SPD-Bürgermeister Wirtschaftssenator. Hattig klagte zwar über den „nicht effektiven" Politikapparat, trug aber zu einer Aufbruchstimmung in der bremischen Wirtschaft bei. Auch hier war er Verkäufer Bremens. Er stärkte den Mittelstand und Existenzgründer, erschloss neue Büro- und Gewerbegebiete wie jenes um den Flughafen herum, setzte auf den Ausbau des Containerhafens in Bremerhaven. Ein Gespräch mit dem damaligen niedersächsischen Ministerpräsidenten Sigmar Gabriel war die Geburtsstunde des Tiefwasserhafens (Jade-Weser-Port) in Wilhelmshaven.

Hattig kehrte in die Wirtschaft zurück. In seinen knapp zehn Jahren als Aufsichtsratsvorsitzender der Deutschen Post bis 2006 wurde sie durch Zukäufe vom Staatsmonopolisten zum größten deutschen Unternehmen und zum größten Logistikkonzern der Welt. Nahezu zwölf Jahre lang leitete er den Aufsichtsrat der BLG Logistics, die größte Autoumschlaggruppe Deutschlands. Als er Senator für Wirtschaft und Häfen wurde, war die Bremer Lagerhaus-Gesellschaft just von einem stadtbremischen Hafenbetrieb zu einem selbstständigen Unternehmen geworden. Die BLG ist mit dem Gemeinschaftsunternehmen Eurogate Europas Marktführer als Containerterminal-Betreiber sowie dank Bremerhaven Nummer eins in Europa für Autoverschiffung und Fertigfahrzeuglogistik.

1877 hatten Kaufleute die Bremer Lagerhaus-Gesellschaft gegründet und ihre über die Stadt verteilten Lagerkapazitäten gebündelt. Seitdem erlebten Bremen wie auch die BLG, nur mit kurzen Unterbrechungen, einen steten Aufschwung. 1888 kamen der erste Freihafen, das damals größte Hafenbecken der Welt, und bald darauf der Überseehafen und die Getreideanlage. Nach einem Einbruch wandelte sich 1998 der Hafenbetreiber vom städtischen Unternehmen zum Logistikanbieter und benannte sich um zu BLG Logistics. Die Stadtgemeinde Bremen – also nicht das Land – hält 50,4 Prozent am Stammkapital. Die Unternehmensgruppe beschäftigt 15.500 Arbeitnehmer bei einem Umsatz von mehr als einer Milliarde Euro. Sie betreibt Seeterminals von Italien bis St. Petersburg, auch in Hamburg und am Rhein, und mit ihrem Joint Venture Eurogate viele weitere.

Bremerhaven

Europas größter Parkplatz

Weiter kann sich der viertgrößte Containerhafen Europas nicht ausdehnen: Am Ende der Kaje, wie in Bremen der Kai genannt wird, beginnt nicht nur die niedersächsische Landesgrenze, sondern auch das Wattenmeer, das als Weltnaturerbe unter strengem Naturschutz steht. Mit den neuen Anlegestellen am Containerterminal 4 wurde Bremen gegenüber anderen Nordseehäfen gestärkt. Der CT 4 kann auf mehrere Rekorde verweisen: Er war die größte Hafenbaustelle Europas und das größte Bauprojekt der bremischen Hafengeschichte. An der Weser liegt nun entlang fünf Kilometern die längste Stromkaje Europas. Der Bau wurde nicht nur billiger als geschätzt, sondern auch nach vier Jahren Bauzeit vierzehn Monate früher fertiggestellt als geplant. Knapp dreimal so viele Container können hier umgeschlagen werden wie im Jade-Weser-Port in Wilhelmshaven. Bremerhaven ist nach Rotterdam, Hamburg und Antwerpen der viertgrößte europäische Universalhafen. Dabei ist der Hafen eine kuriose Gemengelage: Der größte Teil gehört kommunalrechtlich nicht Bremerhaven, sondern der Stadt Bremen. Sobald Bremen als Geste des Entgegenkommens Bremerhaven die „Souveränität" über den Fischereihafen übergab, nannte sich Bremerhaven eine „Seestadt".

Wer als neugieriger Besucher in den Hafen kommt, tut das nicht, um Rekorde zu bestaunen, sondern als Autoliebhaber, als Fan von Elvis oder Lili Marleen oder weil er den Spuren seiner auswandernden Vorfahren nachspürt. Hier ist der größte

Parkplatz Europas, der mit Abstand weltweit größte Umschlagplatz für Autos. 2,3 Millionen Autos wurden hier 2014 umgeschlagen. Nirgendwo in Europa sind so viele Autotransporter
unterwegs wie auf der Autobahn nach Bremerhaven. Einige
habe es dank des Mercedes-Werks in Bremen nicht weit. Die
BLG Logistics ist europäischer Branchenführer in der Kraft-
fahrzeuglogistik. Das Autoterminal der BLG verfügt über eine
Gesamtfläche von drei Millionen Quadratmetern mit Platz für
120.000 Fahrzeuge und wird derzeit nochmals erweitert. Der
Gesamtwert der Fahrzeuge beläuft sich bei voller Auslastung auf
3,5 Milliarden Euro.

Liebhaber des Sängers mit der Schmalzlocke pilgern zur vor
der Hafenmauer eingelassenen Bronze-Plakette im Boden – an
diesem Ort stieg Elvis Presley 1958 als amerikanischer GI von
einem Truppentransporter. Trotz mehrerer Hundert Mädchen,
die ihn dort empfingen, sagte er nur ein, zwei Worte in eine
Kamera und ging mit umgehängter Tasche über der Schulter
lässig weiter, als sei er einer von vielen. Er brachte der ausgehun-
gerten Jugend gleich ein neues Lebensgefühl mit. Ein anderes
Lied hatte indes wohl noch mehr Menschen bewegt und ist zudem mit Bremerhaven eng verbunden: Die Sängerin von „Lili
Marleen", Lale Andersen, ist in der Seestadt geboren und wuchs
dort auf. Eine gusseiserne Laterne am Alten Hafen erinnert an
den Liedanfang „Vor der Kaserne, vor dem großen Tor, steht
eine Laterne" – übersetzt wurde das Lied in mehr als fünfzig
Sprachen. Ihr „Lili Marleen" wurde als erste deutsche Schall-
platte mehr als eine Million Mal verkauft und bewegte, gespielt
von Frontsendern, Soldaten beider Seiten. Häufiger an der Kaje
aber spielten Blaskapellen „Muss i denn zum Städele hinaus",
voller Rührseligkeit, wann immer ein Auswandererdampfer den
Hafen verließ.

Die Truppentransporter landeten Tausende Male an der
Kaje. Anfangs brachten sie neben Soldaten auch Care-Pakete
für die Deutschen – die 400.000 Tonnen Hilfsgüter wurden
zentral von Bremerhaven aus verteilt. Ähnlich sehnlich erwar-

tet wurden von 1949 an Kühlschiffe mit Bananen. Am tiefsten aber haben weder der Autoexport noch Elvis oder Lili Marleen oder der Kreuzfahrttourismus vom „Bahnhof am Meer" ab das Schicksal vieler Menschen an der Columbuskaje bewegt. Das war die Auswanderung vieler Millionen Menschen Richtung Vereinigte Staaten über 170 Jahre hinweg. Schon 1854 war hier der größte Auswandererhafen Europas. Friedrich Engels bestaunte 1840 ein Auswandererschiff: „Es sind fast lauter treue deutsche Gesichter – ohne Falsch, mit kräftigen Armen." Es seien „wahrlich nicht die Schlechtesten, die ihr Vaterland verlassen". Das letzte Auswandererschiff verließ Bremerhaven 1947 gen Australien. Vor nahezu 200 Jahren erließ Bremen Vorgaben für die menschenwürdige Behandlung der Auswanderer. Das hätte Richtschnur sein sollen, war es aber nicht, für deutsche Juden, die sich in den späten Dreißigern noch auf letzte Dampfer retten konnten oder direkt nach dem Krieg jene, die aus Konzentrationslagern gerettet nun als „displaced persons" in Amerika willkommener geheißen wurden denn zuvor. Daran erinnert am Weserufer das Deutsche Auswandererhaus, mehr eine Erlebnisstätte für alle Sinne denn ein herkömmliches Museum.

Ob Autos, Containern und Passagieren wird leicht übersehen, dass Bremerhaven auch der wichtigste Fischereihafen Europas ist – Spötter sprechen gerne von Fischtown und nennen die Bewohner Fischköppe. Der Niedergang der deutschen Hochseefischerei traf den Hafen, als Island 1986 mit der Ausweisung einer 200-Seemeilen-Zone deutschen Fischern den Zugang zu traditionellen Fanggründen verwehrte. Wichtig ist der alte Fischereihafen nun weniger wegen der touristischen Jahrmarkt-Atmosphäre mit Matjesbrötchen und Räucheraal oder weil hier die deutsche Hochseefischerei begann denn als ein Zentrum der deutschen Nahrungsmittelindustrie und -forschung. Große Markennamen der Tiefkühlkost wie Frosta und Nordsee haben nahebei ihren Hauptsitz. Sieben Millionen Fischstäbchen täglich werden hier gefertigt. Käpt'n Iglo hat sie zum Kinder-Klassiker gemacht – aus Seelachs geschnitten, paniert, frittiert und tiefgefroren.

Kuriose, auch traurige oder nostalgische Geschichten hat der Hafen genügend zu bieten. Wohl kaum ein anderes Schiff in jüngeren Jahren hatte aber so viel Aufmerksamkeit auf sich gelenkt wie die „Al-Zahraa" („Rose"). Barkassen auf Hafentouren fuhren vorbei, Taxis mit Städtebesuchern machten einen Schlenker an den Kai im Fischereihafen, Filmemacher hatten mit einer Dokumentation Erfolg. Der Frachter lag fast zwanzig Jahre fest. 1990 war der für den Transport von Panzern umgebaute Frachter ohne Ladung in Bremerhaven eingelaufen, um seine Maschinen zu reparieren. Just nachdem diese ausgebaut worden waren, brach der Zweite Golfkrieg aus mit dem Einfall des Irak nach Kuwait. Der Sicherheitsrat der Vereinten Nationen verhängte gegen den Irak als Eigner des 110 Meter langen Schiffes ein Embargo. Der Bund ließ das Schiff arretieren – es durfte nicht auslaufen, und jede Hilfeleistung an das Schiff war untersagt: zumindest in Deutschland ein einmaliger Fall. Zwei Jahrzehnte zahlte die „Iraqi Line" pünktlich Hafengebühren und einmal gut 100.000 Euro für die Abdichtung des Rumpfes, nicht aber die Miete für die im geheizten Keller eingelagerten Motoren. Irak entsandte zwei Wächter für jeweils sechs Monate, die auf dem Deck Präsenz zeigen – einer spielte „Kapitän" und Koch in einer Person. Bisweilen luden Bremerhavener sie ein zum Billard oder in den Schrebergarten. In der Seemannsmission waren sie meist gern gesehene Gäste. Rohre und die Außenwand verrosteten, die Flagge war zerfleddert, das Rettungsboot windschief, das Tau zerfasert. Einen großen Teil des Schiffes begingen auch die Wächter nicht mehr, weil Gerüche und Gefahr das verhinderten. Wesentliche Teile wurden gestohlen, der Notfallproviant verbraucht – Gänge wurden zur Abfallhalde. Ähnlich abenteuerlich klingen Geschichten, wie einige die Abfahrt noch bis in letzter Minute verhindern wollten. Die Verblühte Rose erhielt eine Fülle von Beinamen – das Geisterschiff, weltpolitisches Strandgut, irakischer Vorposten in Europa, eine

Fußnote der Weltgeschichte, Bestandteil des Stadtbildes. Warum der Irak das hellgrüne 6.000-Bruttoregistertonnen-Schiff so lange finanzierte bis zum Abwracken, blieb unklar.

Wer an der Gaststätte Treffpunkt Kaiserhafen an der alten Bananenpier – der „letzten Kneipe vor New York" – sein Pils genießt, mag in solchen Geschichten schwelgen. In deren Nähe fuhr der erste deutsche Fischdampfer ab, der erste überseeische Tanksegler, der erste Reichspostdampfer nach Ostasien oder auch ein Walfang-Mutterschiff. Mehrfach landeten hier Schiffe, die just das Blaue Band errungen hatten für die jeweils schnellste Atlantiküberquerung. Deren Schiffsnamen zeigten, wie schnelllebig manche, vor allem der Traditionsreederei Norddeutscher Lloyd, waren – „Hohenzollern", „Kaiser Wilhelm der Große", „Kronprinz Wilhelm", die „Bremen" und dann die „Europa". Sichtbar wurden Weltläufe am besten an der Bremen 4, die schon bei ihrer Jungfernfahrt 1929 das Blaue Band gewann, damals als größtes Passagierschiff der Welt. Zwölf Jahre später, beschlagnahmt als Truppentransporter, geriet sie in Brand und wurde geflutet: Einige Mastteile des Stolzes der deutschen Seeflotte ragen bei Ebbe gar nicht weit vor Bremerhaven aus der Wesermündung hervor.

Mit der Kaiserschleuse, einem der größten Schleusenprojekte Europas, wurde der Ausbau der bremischen Häfen vorerst abgeschlossen. Bis dahin war die 1897 erbaute Schleuse ein Nadelöhr für den Autoumschlag. Hafenwirtschaft und Logistik wachsen in Bremen stärker als jeder andere Wirtschaftszweig. Das Kreuzfahrtterminal wurde modernisiert; alle paar Tage kommt ein Kreuzfahrtschiff am gleichen Pier an, von dem aus mehr als sieben Millionen Deutsche auswanderten.

Bremerhaven will mit einem Offshore-Hafen dem Niedergang seiner Wirtschaft entgegenwirken: Die Autoverladung war zeitweise von der Krise der Autoindustrie gezeichnet, nachdem schon die beiden anderen Flaggschiffe, erst die Hochseefischerei und dann der Schiffsbau, einbrachen. Der Senat betrieb den Bau eines Umschlaghafens für Windkraftanlagen in der

Nordsee. Er sollte die Stellung Bremerhavens als Zentrum der Offshore-Industrie vor Cuxhaven und Emden festigen. Der Ausbau zu einem europäischen Zentrum für die Windenergie wurde ermöglicht durch das tiefe Wasser, eine ausgebaute Infrastruktur, die Ansiedlung führender Unternehmen der Branche und die Zusammenarbeit von Unternehmen und Forschungseinrichtungen. Zu diesen zählen die Windenergieagentur Bremen/Bremerhaven, das Fraunhofer Institut für Windenergie und Energiesystemtechnik, das Institut für Windenergie an der Hochschule Bremerhaven und ein in Deutschland einzigartiges Windkanalzentrum. Der neue Hafen an der Luneplate erlaubte genügend Liegeplätze bei ausreichendem Tiefgang, ohne dass wie an anderen Plätzen Schleusen verbreitert werden mussten. Im Süden der Stadt konzentrieren sich mehrere Hersteller zum größten Industriegebiet für den Bau von Offshore-Anlagen an der Nordsee.

Die Hafengesellschaft Bremenports hatte anfangs Widerstand von Umweltschützern zu überwinden. Naturschutzverbände wiesen auf mögliche Umweltschäden für die Außen- und Unterweser, zumal Sand aus der Fahrrinne der Außenweser aufgespült wurde, um die Kaje zu verlängern. Um den Verlust von Deichvorland auszugleichen, kaufte Bremen von Niedersachsen die Weserinsel Luneplate, auf der nun Wasserbüffel weiden; Vögel brüten im neu geschaffenen Feuchtgebiet. Wohl nicht oft wird eine Stadt mit einem Federstrich um ein Fünftel größer – hier bedurfte es sechs Jahre langer Verhandlungen, eines Staatsvertrages und einer erklecklichen Ausgleichszahlung von Bremen an Niedersachsen. Bremerhaven erhielt 15 Quadratkilometer, die Größe von tausend Fußballfeldern. Der größte Teil der Luneplate sind Naturschutzgebiete und landwirtschaftliche Nutzflächen. Auf 200 Hektar werden zudem Windkraftunternehmen angesiedelt. Anlass der Gebietsübertragung war das Naturschutzrecht. Es forderte bei der Erweiterung des Containerterminals eine Ausgleichfläche für Naturschutzgebiete. Beim Hafenausbau hatten Kaje, Terminals und Kräne Brackwasserröhrichte und Salzwiesen verdrängt; diesen Verlust macht die Luneplate wett. Für eine Flussinsel hat die Luneplate eine bewegte Geschichte. Vor mehr als hundert Jahren sollte sie zum Holzhafen ausgebaut werden, dann zur Fischereihafenerweiterung, im Zweiten Weltkrieg für die Kriegsmarine, und dann zur Industrieansiedlung. Stattdessen aber wurde die Schilfinsel erst entwässert und als Grünland genutzt, und dann wieder vernässt. So finden sich auf den Feuchtwiesen statt Kriegsschiffe oder Fabriken nun Kamille, Schilf, Wasserbüffel und Windradhersteller.

Strukturkrise und Aufbruch

Am 11. Januar 1827 übergab der König von Großbritannien und Hannover dem Senat der Freien Hansestadt Bremen mit einem Staatsvertrag 900 Hektar Land aus der hannoverschen Landeshoheit – die Geburtsstunde Bremerhavens. Der Hafen in Bremen war zunehmend versandet. So brauchte die Stadt einen Seehafen nahe der Wesermündung. Damit vereitelte der Bürgermeister Johann Smidt Versuche Oldenburgs, den Seehandel in seine Häfen zu ziehen. Dafür wird Smidt noch heute in Ehren gehalten. Selbst eine Gedächtniskirche ist nach ihm benannt – wo sonst heißt eine Kirche nach einem früheren Bürgermeister? Wer das eigentümlich findet, mag bedenken, dass Smidt das erste Mitglied des Bremer Senats war, der weder Kaufmann war noch Jurist, sondern Theologe. Anfangs hatten manche Bremer Kaufleute den Hafenbau als unnötig und überteuert empfunden, derweil der Dichterfürst Goethe ihn als weitsichtig empfand und sich beständig über den Baufortschritt informiert hielt. Einige Zeilen im „Faust II" gelten als vom Hafenbau inspiriert.

Einst – also Ende der Sechziger, Anfang der Siebziger – galt der Ort als „fast reichste Kommune" Deutschlands, auch sein SPD-Ortsverband war finanzkräftiger als alle anderen. Eigentlich müsste diese Stadt noch immer wirtschaftlich „brummen", glaubt ein flüchtiger Besucher. Wer durch den Hafen schippert, stößt in den Werften und Trockendocks auf Bewegung. Personenfähren werden verlängert, riesige Privatjachten saudischer Prinzen und russischer Oligarchen ebenso ausgebessert wie Fregatten der Bundesmarine oder Forschungsschiffe und Frachter aus aller Welt. Einst war die Werftindustrie der Kern des Wohlstandes. Mit dem Niedergang der Hochseefischerei, der Werftenkrise in den Siebzigern und dem Abzug der amerikanischen Soldaten begann ein Abstieg, wirtschaftlich wie auch sozial. Bremerhaven erlebt eine Strukturkrise wie das Ruhrgebiet, dessen Wohlergehen von Kohle und Stahl, von einem oder zwei Kernbereichen, abhängig war. Wie dort aber war und ist die Anpassung zäh und für die Bewohner schmerzlich. Bis Ende der Neunzehnneunziger stieg die Arbeitslosigkeit in Bremerhaven auf westdeutsche Höchststände: Die Arbeitslosenquote lag im Januar 1998 bei 22,3 Prozent. Durch einen Aufschwung beim Container- und Autoumschlag sowie im Tourismus und in der Offshore-Windkraft erholte sich der Ort seit der Jahrtausendwende langsam. Bremerhavener aber fühlen sich vernachlässigt und abgehängt. Bremerhaven sei „hart an der Kante", heißt es – ungewiss sei nur, in welche Richtung es kippe.

Auch wenn viele traditionsreiche Werftbetriebe schlossen: Bremerhaven blieb mit der Lloyd-Werft, den Motorenwerken Bremerhaven und Reparaturwerften ein Werftenstandort. Die Lloyd-Werft war 1863 als Reparaturwerkstatt des Norddeutschen Lloyd in Betrieb genommen worden. Der Norddeutsche Lloyd galt im neunzehnten Jahrhundert als das wohl einzige Bremer Unternehmen von Weltrang, verlor aber in beiden Weltkriegen jeweils Schiffe und Vermögen. 1970 wurde er mit der Hamburger Hapag zur Reederei Hapag-Lloyd vereinigt. 1984 übernahm der Bremer Werftenverbund sie als Lloyd Werft Bremerhaven; sie litt unter dem Konkurs des mit ihr verbundenen Bremer Vulkan und unter der allgemeinen Werftenkrise und geriet zeitweise in Insolvenz. Zuletzt bekannt wurde sie durch Umbauten an Passagierschiffen wie der „Norway" und der „Queen Elizabeth II." und am Arktisforschungsschiff „Polarstern" oder mit der Verlängerung der „Stena Hollandica" zur damit längsten Fähre der Welt.

Seit einigen Jahren scheint sich nicht nur der Hafen wieder zu fangen – das vermittelt zumindest das äußere Bild. Der Anschein – ein neues Museum nach dem anderen, eine volle Ladenzeile, ein international renommiertes Zentrum der Meeres- und Klimaforschung – stimmt aber nicht voll überein mit den Statistiken und der Stimmung. Immobilienpreise purzeln. Selbst billige großzügige Wohnungen will kaum jemand haben. Wohnungsbauunternehmen reißen Wohnblöcke in Großsiedlungen ab. Bremerhaven, ohne gewachsenen Stadtkern, schrumpft wie sonst nur Städte im Nordosten Deutschlands. Der Senat glaubt, der massive Einwohnerschwund werde anhalten. 1993 wohnten dort 131.000 Menschen, derzeit sind es 109.000 und für 2020 rechnet der Senat mit 102.000 Einwohnern. Geplant und gebaut aber wurden manch überdimensionierte Straßen und Stätten wie das Klärwerk für eine utopische Einwohnerzahl von 180.000.

Vor einem Vierteljahrhundert schrieben viele die einzige deutsche Großstadt an der Nordsee und mit dem Geruch von Salz und Meer ab. Auf Erfolge kann Bremerhaven nun aber weisen in der Wirtschaft, der Wissenschaft, dem Fremdenverkehr. Bisher war es außerhalb seiner Grenzen neben seinem Exporthafen bekannt durch das Alfred-Wegener-Institut für Polar- und Meeresforschung, eine der großen Forschungsstätten der Welt für die Erforschung der Pole, des Meeres und des Klimas. Die „Polarstern", der größte Forschungseisbrecher der Welt, hat hier ihren Heimathafen. Immer stärker setzt die Stadt auf ein weiteres Bein, den Fremdenverkehr.

Das Oberzentrum im nördlichen Elbe-Weser-Dreieck veränderte binnen zehn Jahren die Innenstadt und das Außenbild mit dem Auswanderermuseum und dem Klimahaus: europäische Ikonen der Museumslandschaft, die pro Jahr jeweils

mehrere Hunderttausend Besucher locken. Das Auswandererhaus erhielt 2007, bald nach dem Bau, die Auszeichnung als
„Europäisches Museum des Jahres" – erstmals seit fünfzehn Jahren ging der Preis nach Deutschland. Die Jury würdigte, dass
die Stätte mit der Migration eine der wichtigsten Fragen unserer Zeit behandele und daran erinnere, dass Deutschland selbst
einmal Auswandererland war. Das Klimahaus bietet Besuchern
einen Gang durch Wetter- und Klimazonen entlang des achten Längengrades, einmal um die Erde. Das Tourismuszentrum
Havenwelten ist das größte und anspruchsvollste Stadtentwick-
lungsprojekt an der deutschen Nordseeküste seit Jahrzehnten –
welch anderer Ort vergleichbarer Größenordnung hat gleich
fünf Touristenziele der „bel etage" nebeneinander? Nach dem
Ausbau des Fischereihafens, dem Deutschen Schifffahrtsmuseum und dem „Zoo am Meer" entstanden gleich mehrere Großprojekte – auch das nicht unumstrittene Einkaufszentrum Me-
diterraneo mit italienischen Fischergassen und Mittelmeerflair
sowie ein 86 Meter hohes Hotel- und Bürogebäude, das mit
seiner Gestalt eines geblähten Segels bewusst an das einzige Sie-
bensternehotel der Welt in Dubai erinnern will (Sail City). Bremen hatte mit vor ein, zwei Jahrzehnten groß angekündigten
Projekten wie Space Park Schiffbruch erlitten oder zumindest
seine Erwartungen herunterschrauben müssen. Bremerhaven
hofft, daraus gelernt zu haben. Leuchttürme gab es aber schon
früher: der Leuchtturm „Roter Sand" war das erste Offshore-
Bauwerk der Welt. Dies Symbol Bremerhavens wurde von der
Bundes-Ingenieurkammer als technische Meisterleistung und
als „Denkmal deutscher Ingenieurbaukunst" ausgezeichnet.

Den Stadtvätern kann man nicht vorwerfen, dass sie angesichts der Krise untätig waren. Sie profitierten von einer Vision
und einem Geldregen dank eines Urteils des Bundesverfassungs-
gerichts zu mangelhafter Finanzausstattung. Wenige Städte sind
mehr im Wandel und im Aufbruch. Für den Sport gilt das nicht
durchgehend: Sie ist zwar Hochburg im Rollkunstlauf, Bowling
und Tanzsport, stolz auf Basketball und Eishockey und stellte

bei Drachenbooten einen Deutschen Meister mit Teilnahme an Weltmeisterschaften. Die beiden „besten" Fußballvereine aber sind nur in der 5. Liga – der Bremen-Liga. Alle fünf Jahre, auch 2015 wieder, bringt Sail, die größte Windjammerparade Europas, immerhin um die eine Million Besucher an die Unterweser.

Siebzehntes Bundesland

Das gebe es nicht noch einmal irgendwo, Bremerhaven sei die freieste Kommune der Welt: Das sagt nicht irgendjemand, sondern der frühere Bremer Bürgermeister Böhrnsen, der im Umgang mit der Schwestergemeinde als Politiker, Jurist und Bundesratspräsident hinreichend Erfahrung gesammelt hat. Dabei wird er wissen, dass um das Jahr 1400 herum Bremen selber beanspruchte, die freieste Stadt „in all der werlde" zu sein. Die Stadt an der Wesermündung hat als einzige deutsche Kommune eine städtische Polizei. So gilt Bremerhaven als das „siebzehnte Bundesland" mit Besonderheiten selbst bei der diffusen Zusammensetzung des Gemeinderats und dem Wählerverhalten. Unter dem Lehmfries von Bremen wirkt in Bremerhaven der preußische Verwaltungseinfluss stark – das verwirrende Nebeneinander ist eine schwere Hypothek.

Durch die Geschichte der Besatzungsjahre, durch wirtschaftliche Motive und zaghaftes politisches Auftreten von Bremen ist das ein einzigartiges Konstrukt. Immer wieder wirkt sich das auf die praktische Politik aus; auch beim Eisstadion, dessen Grundstein erst nach einem Jahrzehnt Zwist in der überschuldeten Stadt gelegt wurde. Eine ernsthafte rechtliche oder wirtschaftliche Kontrolle von außen gibt es kaum. Scheinbar unbeschwerte und ungezügelte Jahre dürften mit neuen Finanzabsprachen zwischen Bund und Ländern bald enden. Vorerst nutzten rege Oberbürgermeister aber den Spielraum und die Schulden.

Verfassungsrechtler, Wahlforscher, Historiker begründen die Sonderlage der Kommune – der trotz der Hochschule und Forschungszentren von Rang eine breite kulturell interessierte Bürgerschicht fehlt – jeweils aus anderer Sicht. Der rechtliche Wildwuchs der preußischen Magistratsverfassung beruht auf einer Gemengelage nach mehrfachen Gebietsänderungen zwischen dem Königreich Hannover, Preußen und der Stadt Bremen. Bremerhaven wurde erst 1827 gegründet. Später wurde der Überseehafen stadtbremisches Gebiet, eine Enklave in einer Enklave. Dafür erhielt Bremerhaven Ausgleich an Land, Geld und Freiheit. Dazu kam die Besatzungszeit: Während Norddeutschland in den Nachkriegsjahren ansonsten von Briten verwaltet wurde, beharrten die Vereinigten Staaten auf einem Hafen für ihre Nachschubschiffe. So war Bremerhaven doppelt verwaltet: zwischen 1945 und 1947 von Briten und Amerikanern zusammen mit jeweils eigenen Rechtstraditionen und Gepflogenheiten. Bremerhaven nach dem Zweiten Weltkrieg war durch das Überlagern von doppeltem Besatzungsrecht und wechselnden Gebietszuordnungen, so Verfassungsjuristen, praktisch unregierbar geworden. In jenen zwei Jahren, bis die Amerikaner Bremen ganz übernahmen, war die Enklave Teil der britischen Besatzungszone, aber unter amerikanischer Kontrolle. In jener Zeit war Bremen in britischen wie auch amerikanischen Besatzungsgremien vertreten.

Die bremische Verfassung von 1947 garantiert den Städten Bremen und Bremerhaven ihren Bestand. Im Gegensatz zu Gemeinden sämtlicher Flächenstaaten der Bundesrepublik haben Bremen und Bremerhaven Verfassungsautonomie und eine verfassungsrechtliche Immediatstellung – so das Handbuch der Bremischen Verfassung. Deren Mitherausgeber Volker Kröning spricht von einem Faszinosum der deutschen Verfassungsgeschichte. Dies Fehlen auswärtiger Kontrollen und Korrekturinstanzen gibt es auch nicht in den anderen Stadtstaaten Berlin und Hamburg, da sie nicht zwei Städte in einem Bundesland haben. Immerhin kann der Oberbürgermeister an den Senatssitzungen in Bremen als Gast teilnehmen. Bremen ist gegenüber Bremerhaven Mutter und Schwester zugleich. Die Landesverfassung sieht zwar im Artikel 147 eine staatliche Rechtsaufsicht vor – im Hinblick auf Bremerhaven aber fehlt eine landesgesetzliche Ausformung. In Bremen ist die Lage anders, da die Bürgerschaft abwechselnd als Landesparlament tagt und als Gemeinderat.

Dass Bremerhaven seine Verfassung und Gemeindeordnung „ganz nach ihren eigenen Wünschen" – so eine Mitteilung des Senats an die Bremische Bürgerschaft 1945/46 – gestalten konnte, findet im deutschen Gemeindeverfassungsrecht der Neuzeit keinen Vergleich. Das Land Bremen verzichtete weitgehend darauf, auf der Stadtkreisebene Landesbehörden zu errichten. So ist der Oberbürgermeister von Bremerhaven – Bremen hat dagegen in alter Tradition nur einen Bürgermeister – auch Ortspolizeibehörde. Lehrer sind wie Polizisten Beschäftigte der Gemeinde, nicht des Landes. Auch hier aber wieder eine Einschränkung dank der verwickelten Geschichte Bremerhavens, das erst 1947 mit der Bildung des Landes Bremen seinen Stadtnamen erhielt: Weite Teile des Hafens gehören kommunalrechtlich der Stadt Bremen, nicht Bremerhaven, derweil Bremerhaven wiederum im Hafen vertraglich die Kommunalaufsicht ausübt bei der Müllabfuhr und dem Feuerschutz – also Verwirrung der gehobenen Art.

Steuerregeln, begünstigende Vorabausgleiche helfen, das zu finanzieren. Der Stadthaushalt muss zwar in Bremen abgesegnet werden, eine inhaltliche Kontrolle aber gibt es nicht. Bremerhaven ist mit 1,6 Milliarden Euro verschuldet, 14 000 Euro je Einwohner, und das, obwohl das Land die Kommune 1993 vollständig entschuldete. Dass die Regeln verbesserungsbedürftig sind, wird seit 1956 debattiert – geschehen ist nichts. Zum „Bremerhavener Finanzfilz" forderte die Linkspartei einen Untersuchungsausschuss – CDU und SPD wollten die Parteifreunde in der Seestadt aber nicht verprellen. Pikant: Der Vorsitzende der Fraktion der Grünen in Bremen bezeichnete die Kommunalaufsicht in Bremen als „groteske Lachnummer". Verantwortlich für die Kommunalaufsicht ist der Bremer Innensenator der SPD, mit dem die Grünen in Bremen in einer Koalition verbunden sind, während in Bremerhaven eine große Koalition von SPD und CDU regiert. Was in Bremerhaven nicht passe, werde passend gemacht, sagt die Opposition.

Die Kommunalaufsicht, so es sie gibt, geschieht eher durch „partnerschaftliche Gespräche" denn durch ohnehin behutsamen Vollzug. Wenn der Oberbürgermeister sich weigert, zu einem klärenden Gespräch über die Folgen der Finanzmisere nach Bremen zu kommen, wird das sanft erzürnt registriert, und geduldet. Bremerhavens Politiker lässt das kalt, sie schätzen Widerborstigkeit und Erfolg. Und sind zornig, weil einst die Bremerhavener das Geld verdienten, die Bremer aber auf sie hinabsahen. Immer wieder gibt es Irritationen, etwa wenn ein Kommissar im Bremer Tatort über Bremerhaven sagt „Das ist das absolute Abstellgleis" – da kann auch ein förmlicher Protest des Oberbürgermeisters bei Radio Bremen die Gemüter nicht besänftigen. Ob Polizeigebäude, Feuerwehr, Krankenhaus, Müllentsorgung – deren Gebäude sind stets eine Spur monumentaler als die vergleichbarer kleiner Großstädte. Die Wirtschaft, die sich geschröpft fühlt, grummelt – die Bremer Handelskammer fordert, Bremerhaven bei öffentlichen Investitionsmitteln nicht mehr zu bevorzugen. Aber Bremerhaven hat ja bis 2016 eine eigene Handelskammer, die das so nicht sieht. Und der ehemalige Präsident der Bremerhavener Handelskammer, Ingo Kramer, ist nun Präsident der Deutschen Arbeitgeberverbände. Möglicherweise hilft das seltsame Bremerhavener Konstrukt ihm, für alles eine Lösung zu finden.

Quellenverzeichnis

Zahlreiche der Beiträge erschienen in der Frankfurter Allgemeinen Zeitung mit den folgenden Erscheinungsdaten; alle wurden indes erweitert und fortgeschrieben. Soweit Beiträge hier nicht genannt werden, sind sie Originalkapitel für diesen Band.

Eine Verbeugung
Frankfurter Allgemeine Sonntagszeitung 12.12.2009

Bremens Doppelgesicht
Gallisches Dorf: 9.2.2007
Bürgerstolz, Tradition, Versagen: 22.1.2007
Bremens gute Stube: arsprototo (Berlin) 2-2009, S. 52–55
Archivalien zum Abwickeln: 11.7.2014/25.1.2012/10.3.2009

Glück und Holzmehl
Suche nach dem rechten Maß: 26.7.2010
Glück im Stundenplan: 30.7.2012
Freizeitanlage oder Atomdepot?: 12.12.2009
Geschützte Klaben: 12.1.2011
Gefährliche „Düne": 28.3.2014/25.2.2014
Nicht just eine Schrebergarten-Idylle: Frankfurter Allgemeine
    Sonntagszeitung 15.10.2006
Preußen in der Stadtrepublik: 2.7.2011
Nur noch in Bildern träumen: 7.2.2008
Ein Euro fürs Universum: 14.5.2013
Isobare im Nordwesten: 7.5.2012

Kaufmannsfeste
Nur einmal im Leben: 14.7.2014/12.2.2007/8.2.2007
Vaterländischer Braunkohl zur Eiswette: 6.1.2014/20.1.2009/
    20.1.2008
Gralshüter des Silberschatzes: 7.11.2011/20.3.2007
Bei Kerzenlicht wird man so grundsätzlich: 12.12.2010

Bremens Sonderwege
Ohne Bischof: 24.4.2014/20.5.2009
Senat und Deputationen: 26.7.2014
Wahlalter als Exportprodukt: 25.3.2014/24.7.2012/2.5.2011

Neuigkeitskrämer
Volochap twittert volorap: 5.11.2013/16.10.2013/5.9.2007

Forschungswelten
Auge im Weltall: 26.3.2014
Freie Forschung?: 5.12.2008
Aufbruchstimmung: 7.12.2007

Zu Wasser und in der Luft
Weser: 12.7.2013/25.6.2011
Hafen, Häfen: 6.2.2014/26.1.2012/10.1.2012/12.6.2008
Offener Ring: 30.9.2011
Mit der Straßenbahn zum Terminal: 30.9.2009/12.5.2009

Händler und Weltmarktführer
Roter Rettungsring, rotes Herz: 19.7.2006
Mehr als ein Teehändler: 23./24.8.2008
Schutz in der Antarktis und der Oper: 21.7.2008/8.9.2007
Europas Ticketverkäufer: 18.2.2010
Markenpapst: 31.5.2012/31.5.2011

Bremerhaven

Europas größter Parkplatz: 23.10.2010/15.2.2010/13.9.2008

Strukturkrise und Aufbruch: 12.1.2010/4.5.2007

Siebzehntes Bundesland: 3.11.2010/11.5.2010

Robert von Lucius
Verdichtet und steinreich
Streifzüge durch Sachsen-Anhalt

2., aktualisierte Nachauflage 2015
160 S. | Br. | mit Farbabb.
ISBN 978-3-89812-976-3 | 9,95 €

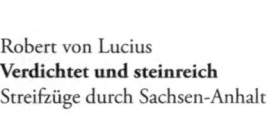

Robert von Lucius gelingt es, Sachsen-Anhalt als Kaleidoskop vieler, oft kontroverser, immer aber interessanter und entdeckenswerter Details darzustellen. Zugute kommt dem Verfasser dabei sein journalistisches Talent, komplexe Zusammenhänge kurz und prägnant zu umschreiben, das Wesentliche zu betonen und zugleich ausdrucksstark und feinsinnig eine Kurzweil zu kreieren, die in der Reiseliteratur selten zu finden ist. Dieser ungewohnte, zeitnahe Blick auf Sachsen-Anhalt ist ein Muss für alle, die das Land zu kennen glauben oder wünschen.

Bernhard Spring: Altmark-Blätter, 26. Januar 2013

Robert von Lucius
Welfenland mit Schmetterlingen
Streifzüge durch Niedersachen

2013
192 S. | Br. | mit Farbabb.
ISBN 978-3-89812-118-7 | 12,95 €

Intelligent, aber nicht langweilig, humorvoll, aber nicht an-
biedernd, hinterfragend, aber nicht verletzend berichtet der
Autor von den Eigenschaften und Eigenheiten des Landes
und seiner Bewohner.

VIERVIERTELKULT – vierteljährliches Magazin der SBK,
4-2013/1-2014

Robert von Lucius entdeckt das Außergewöhnliche und Ver-
borgene rund um das, was offiziell in Reiseführern steht. Ein
Buch, das neue Perspektiven eröffnet.

Rebecca Hoechstetter: h1-Fernsehen aus Hannover,
29. November 2013

Umschlagfotos (Daniel Pilar): Schaffermahl im Rathaus; Hafen, Bremerhaven

Bibliografische Information der Deutschen Nationalbibliothek
Die Deutsche Nationalbibliothek verzeichnet diese Publikation in der Deutschen
Nationalbibliografie; detaillierte bibliografische Daten sind im Internet über
http://d-nb.de abrufbar.

2015
© mdv Mitteldeutscher Verlag GmbH, Halle (Saale)
www.mitteldeutscherverlag.de

Gesamtherstellung: Mitteldeutscher Verlag, Halle (Saale)

ISBN 978-3-95462-527-7

Printed in the EU